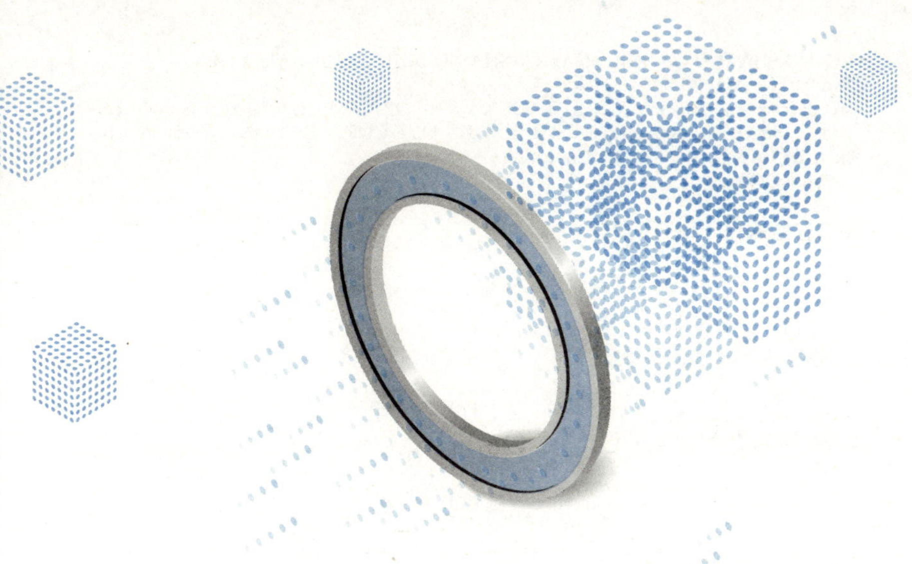

99%の社長が知らない会社の数字の使い方

中小企业数据之道

〔日〕小山升　著

赵艳华　译

中国科学技术出版社

·北　京·

图书在版编目（CIP）数据

中小企业数据之道 /（日）小山升著；赵艳华译. — 北京：中国科学技术出版社，2022.8
ISBN 978-7-5046-9723-3

Ⅰ. ①中… Ⅱ. ①小… ②赵… Ⅲ. ①中小企业—企业管理—数据管理—研究 Ⅳ. ① F276.3

中国版本图书馆 CIP 数据核字（2022）第 129425 号

策划编辑	杨汝娜
责任编辑	韩沫言
版式设计	蚂蚁设计
封面设计	马筱琨
责任校对	邓雪梅
责任印制	李晓霖

出　　版	中国科学技术出版社
发　　行	中国科学技术出版社有限公司发行部
地　　址	北京市海淀区中关村南大街 16 号
邮　　编	100081
发行电话	010-62173865
传　　真	010-62173081
网　　址	http://www.cspbooks.com.cn

开　　本	880mm × 1230mm　1/32
字　　数	98 千字
印　　张	5.75
版　　次	2022 年 8 月第 1 版
印　　次	2022 年 8 月第 1 次印刷
印　　刷	北京盛通印刷股份有限公司
书　　号	ISBN 978-7-5046-9723-3/F · 1027
定　　价	59.00 元

前言

所有公司都应该正确运用数据

小山升如何化解疫情危机

随着新冠肺炎疫情的影响持续扩大，很多企业相继陷入破产危机。今后，资金薄弱的中小企业的破产风险会急剧增加。新冠肺炎疫情给企业造成的经济损失远远大于雷曼兄弟公司破产事件带来的冲击。

我担任社长的日本武藏野株式会社（以下简称“武藏野”，总部位于东京都小金井市）也受到了新冠肺炎疫情的影响。自1989年以来，武藏野的销售业绩一直逐年攀升，但是到了2020年，受新冠肺炎疫情的影响，公司的销售业绩开始下滑，第一次出现了营业收入下降的问题。

武藏野的主要业务是提供家政保洁服务，以及管理咨询业务，即通过举办管理研讨会向中小企业提供管理支援服务。这些都属于“三密（密闭、密集、密接）业务”，在疫情的冲击之下，这种传统业务模式难以为继。为了客户和员工的健康和安全，公司坚决采取了减少人员接触的措施，营业收入也因此急剧下滑。因为我们针对新冠肺炎疫情的基本方针是优先保护客户和员工的健康，以及留住员工，保证员工的工作问题，其次才考虑公司的运营，所以营业收入下滑也在我的意料之中。

武藏野2020年2月和3月的营业收入同比2019年减少了100亿日元。公司第57个财政年度（财年）结算时间是4月底。如果2月和3月的营业收入没有下滑，那么2019财年[①]的营业收入和利润肯定是增长的，甚至可能创下历史新高。不过，尽管公司的营业收入首次出现下滑，但是这件事并没有给我带来太大影响。因为我们有效利用了数据来开展管理工作，并且根据经营数字和客观事实做出决策，所以公司遇到困难不会轻易倒闭。

从数据上看，与2018财年相比，武藏野2019财年的营业收入（为上年的87%）和毛利润都有所下降，人工成本和促销成本与上年持平，采购支出和经营成本大幅下降，此外，公司还有部分营业外收入，最后计算下来，利润总额接近1亿日元。

即使遇到了不可预测的突发状况，武藏野也没有乱了阵

① 指 2019 年 4 月—2020 年 4 月。——编者注

脚，这得益于我们管理公司时重视数据的作用。武藏野利用数字和图表来体现工作效率、现金流和业务结构，使它们更直观地被呈现出来。管理层根据各种数据开展预测、决策和规划。因为数据不会说谎，不依靠经营者的直觉判断，而是重视数据，这样我们就能准确掌握公司的运营情况和市场的整体状况。通过数据分析，尽早发现经营中的异常，主动采取措施。

武藏野为什么没有陷入经营危机

为了应对新冠肺炎疫情，我们主要采取了以下3项措施：

（1）将公司大部分业务迁移至线上办理（远程居家办公）。

武藏野积极推进数字化办公。在日本众多的中小企业中，武藏野率先推行了线上业务。自2012年起，公司按照人手一台的标准，为所有员工（包括临时工、小时工、已被录用的应届毕业生和外勤人员）配备了共计847台苹果平板电脑（iPad），支持员工利用数字产品开展业务。这项投资一共花费了1.03亿日元。

有些中小企业不愿引入数字设备，因为这将会是一大笔支出。从某种角度看，为员工配备iPad的确会增加企业的财务负担，但是如果每位员工都使用数字产品办公，公司整体的信息化水平将能够得到提升，这样既可以减少员工的加班时间，公司还能获得更多利润。部分经营者认为数字设备太贵了，购买它们是一种浪费。他们这样想是因为没有看过公司的经营数据。如果将节省出来的加班成本与设备采购成本进行比较后，他们就会发现推进数字化办公对企业来说能创造更多利润。

武藏野推行数字化办公后，加班费支出大大减少。所节省的工资支出远远多于数字化办公所需的通信费支出。除此之外，员工的工作效率也有了很大提升。自从引进数字设备，推行数字化办公后，每人每月平均加班时间减少了65小时，武藏野每年可节省接近3亿日元的加班费支出。

我不反对员工使用公司发放的iPad处理私人事情。理由有两个：第一，无论用作公事，还是私事，经常使用这些设备都能提高操作技能；第二，可以改善员工居所的网络环境，方便他们更好地开展工作。iPad有无线局域网机型和无线局域网+蜂窝网络机型两个版本，公司购买的是无线局域网+蜂窝网络机型的iPad，这个机型可以使用通信公司的流量进行通信，这一点与智能手机相同。因此，即使员工家里没有安装无线网络，依然可以居家办公。员工的数字终端都有数据流量限制，在家看电影、网上购物时，流量很快就被消耗殆尽，所以员工要想使用iPad处理私事，就只能在家里安装无线网[1]。

公司的所有员工都能想到公司给员工配备iPad的第一个理由，即提高操作技能，但是他们都没有想到第二个理由，只是单纯地认为能用公司的iPad干私事，真是太幸运了。其实他们不知道，真正幸运的人是我。为什么这样说呢？因为公司既不用出钱，我也没有强制员工使用iPad，员工却抱着“使用公司iPad办私事”的“不纯”动机，主动在家里安装无线网。这样做，员工在家开展工作就变得更方便了。

将业务转移至线上可以压缩经营成本和采购费用。减少面对面的会议，把它们改成线上形式（85%的会议改为线上），这样一来，场地费、餐费、材料费（印刷费）和员工加班费都节省下来了。

新冠肺炎疫情之前需要两个人负责的销售项目将切换为“面对面+在线交流”的模式（一个人在工作现场，他的上司

---

① 在日本，使用公司配备的电子设备上其他网站时会有流量限制。——编者注

用iPad参与视频会议）。在线交流模式可以节省交通费，不用去现场也能节省不少时间，上司可以利用这些时间在线确认其他业务，提高工作效率。这将帮助公司谈成更多业务。

（2）“紧急事态宣言”期间，员工工资保证100%发放。

无论是在公司上班，还是居家办公，员工工资都会100%发放（包括临时工和小时工）。2021年，武藏野按照惯例为员工涨了工资（工资涨幅6%，自2021年4月起执行）。对于经营者来说，最重要的不是提升业绩，而是留住员工，保障他们的就业。只要保证工资足额发放，员工便会对公司抱有安全感，就会更踏实地工作。

营业收入降低，工资却能足额发放的底气来自武藏野的现金流充足。从迄今为止的经营数据和资产负债表（BS）来看，武藏野即使一年半都没有营业收入，也能在至少一年之内保证不降薪。尽管日本社会还处于疫情紧急状态，对日本经济造成了影响，但是武藏野的员工们仍然乐观积极，因为他们知道公司不会裁员，也不会降薪，武藏野不会轻易倒闭。

雷曼兄弟公司破产事件引发的金融海啸让很多历史悠久的公司轰然倒下。一般来说，公司破产的主要原因是应收账款和存货增量导致的现金流恶化。也就是说，企业倒闭大都不是因为亏损，而是因为现金流出现了问题。截至2020年2月，武藏野持有17亿日元的现金。这些现金并不是自有资金，而是银行贷款。如果不贷款，武藏野可能会在疫情中破产（贷款17亿日元，现金存款也是17亿日元，所以实际上相当于无贷款经营）。

新冠肺炎疫情毫无征兆地发生了，公司如果没有充足的现金流，会很难坚持下去。特别是中小企业，要保证充足的现金流，一定要通过银行进行融资。

我为很多企业做过管理咨询，大部分经营者认为从银行贷款这种行为是不可取的。我认为他们这种想法完全错误。从银行融资贷款是为了提高紧急状态下的支付能力（一般标准是持有月营业收入3倍以上的现金或存款），一旦发生紧急情况，可以为采取措施赢得宝贵时间。武藏野之所以在疫情的冲击下仍能保证员工工资正常发放，正是因为公司持有充足的现金。

很多经营者认为，从银行借款还要支付利息，这很不划算，不如使用自己的资金。对此，我的看法截然不同。我认为，哪怕需要支付不菲的利息，仍要从银行融资，这样可以与手里持有的大量现金一起形成资金双保险。在大部分公司贷款利率为1.2%~1.5%的时代，武藏野以2.7%的利率从银行融资，利息几乎翻倍。贷款17亿日元，每年仅贷款利息就要偿还约4600万日元。

我的年龄不小了，但仍甘愿支付高额利息也要继续向银行贷款，正是为了以备不时之需（例如新冠肺炎疫情）。我认为，贷款相当于为公司买保险，利息相当于帮助公司渡过难关而支付的保费。

每家企业都会购买火灾险，但是他们购买保险的目的绝不是希望发生火灾。所有企业管理者都会购买寿险，但是他们购买保险的目的也绝不是希望自己死去。他们是为了有备无患而购买这些保险的，但是在购买“守护公司险”时却犹豫不决。为什么呢？因为他们觉得支付利息太过浪费，认为贷款利息没有必要。他们没有意识到贷款利息相当于每月的保费，而贷款则相当于保额。关注资产负债表中的数据，我们就能理解为什么即使贷款也要保证公司有充足的现金流。支付贷款利息就是为公司买了“寿险”，为公司的调整重建赢得了时间。

无论是自有资金，还是银行贷款，它们的价值是相同的。如果非要说有什么不同，那也只是经营者的心理感受不同，即一个是自己赚的钱，另一个是从外部借来的钱。但无论通过什么手段筹措的资金都是一样的，金钱本身没有善恶对错之分。从这一角度来看，不惜向银行贷款也要增加企业现金流，留住员工，这才是企业管理者的责任和义务。

（3）积极开拓新业务，完善业务结构。

困难会激发人们寻求新方案的灵感，困难能够赋予人们开启新思维模式的机会。如果人们面对困难不知所措，事情便不会有任何转机。如果以前的业务做不下去了，不如开拓一下思路，寻求新的发展。

在“紧急事态宣言”发布期间，我成立了新的业务部门——亚净透事业部，同时实施了公司有史以来最大规模的人事调整（当时正式员工280人中，有200人调整了工作岗位）。

危机恰恰是转机。亚净透电解抗菌水（Clean Refre）是一款电解除菌水产品，由北海道带广市的农业设备制造商亚净透公司（ACT）开发。多篇学术论文指出，电解产生的次氯酸水对新型冠状病毒有灭活效果[①]。新业务部成立之后，亚

① 日本国立感染症研究所、日本北里大学、日本带广畜产大学、日本鸟取大学、日本 QTEC 检测中心进行了次氯酸水对新型冠状病毒的杀灭试验研究，结果表明，pH6.5 以下，有效氯含量 35 毫克 / 千克以上的次氯酸水可对新型冠状病毒有效灭杀。——编者注

净透业务发展迅猛。2020年10月22日，为了扩大产能，我们在东京武藏野市建了新工厂。在新冠肺炎疫情异常严峻的情况下，武藏野不但没有转入守势，反而采取主动出击的策略。

做出战略调整是因为我们密切关注公司的经营数据，能够尽快发现经营过程中出现的各种问题。公司每天公布各部门的盈亏情况（营业收入、费用等）。按照时间顺序查看数据，与前期数据进行对比，有助于尽早发现异常数据，对企业盈亏情况做出预判。

此外，公司每个月都将营业收入、毛利润和营业利润统计成年度总计表，直观地将公司的经营数据呈现出来。查看年度总计表时，需要注意图表曲线中的异常点。当图表曲线呈下降趋势时，或者当利润目标与实际情况之间存在较大差异时（当它远低于目标时），应该怎么办呢？此时不要犹豫，请马上采取措施，使出浑身解数去解决问题。如果对业务踩下急刹车，开始裁员或减少促销，那么可能导致业绩的直线下滑（为了保证人力资源的投入，需要向银行贷款，持有充足的现金）。

我根据经营数据做出管理决策。采用数据驱动经营法，利用谷歌数据门户（Google Data Portal）工具[①]，随时检查影响公司经营的指标。因此即使业绩有所下滑，公司也会立刻采取措施使之上升。受新冠肺炎疫情影响，很多中小企业经营困难，它们有的停业，有的倒闭。而武藏野能逆势而上，拓展新业务，正是因为通过客观的数据分析，提出假设，做出判断，并付诸行动。

没有人知道世界今后会发生怎样的变化，但是有一点是非常明确的，那就是故步自封不会带来任何改变，我们必须尝试新事物。

通过数字把握公司的现状和发展方向

我们在体检时，所有的检查结果，包括身高、体重、血糖、血压等都会用数字表示出来。我们通过数字来了解自己的健康状况，并采取相应措施来管理健康。饮酒过度需要控制酒

---

① 谷歌公司提供的一款商业智能（BI，Business Intelligence）工具。借助该工具，可以将各种数据自动转换为图形和表格，实现数据可视化。同时这些数据还可以自动更新和共享。这款工具具备对比功能，可轻松提取某一时间段的对比数据（环比、同比等）。

精摄入、体重超标需要减肥……如果你不知道这些数字，就意识不到健康出了问题，这时如果你不注意改变生活习惯，未来便很可能患上严重的疾病。为了身体健康，人们需要经常关注体检数据。

企业经营同样如此。我们要利用数字来为企业“体检”。然而现实中许多经营者对公司的情况却知之甚少。到目前为止，我已经为超过750家公司提供过管理咨询。在此过程中我发现，大部分中小企业的经营者不看数字。他们不知道公司赚了多少钱、赔了多少钱，不知道什么时候有多少进账、什么时候有多少支出，甚至不清楚成本费用率是多少，他们把账目结算完全交给了公司的会计。

公司现在什么情况？今后将如何发展业务？为此应该做些什么？如果没有通过数字把握公司的现状和发展方向，就无法采取相应的措施。因为没有及时采取措施，所以公司可能会处于亏损状态。企业要想赢利，一定要通过营业收入、毛利润、利润总额、经营成本、贷款、留存收益等数字来把握企业的实际经营情况并及时调整。

本书以武藏野为例，为读者介绍一些重要的数字，了解它们可以让公司赢利，让公司立于不败之地。此外，本书还会介绍如何运用这些数字。真心期待本书能够帮助中小企业走出困境。

武藏野株式会社社长

小山升

目 录

第2章 通过数字了解工作现场的情况 · 063

第3章 用数据掌握企业现金流 · 103

第4章 将数字落实到经营计划书中 · 133

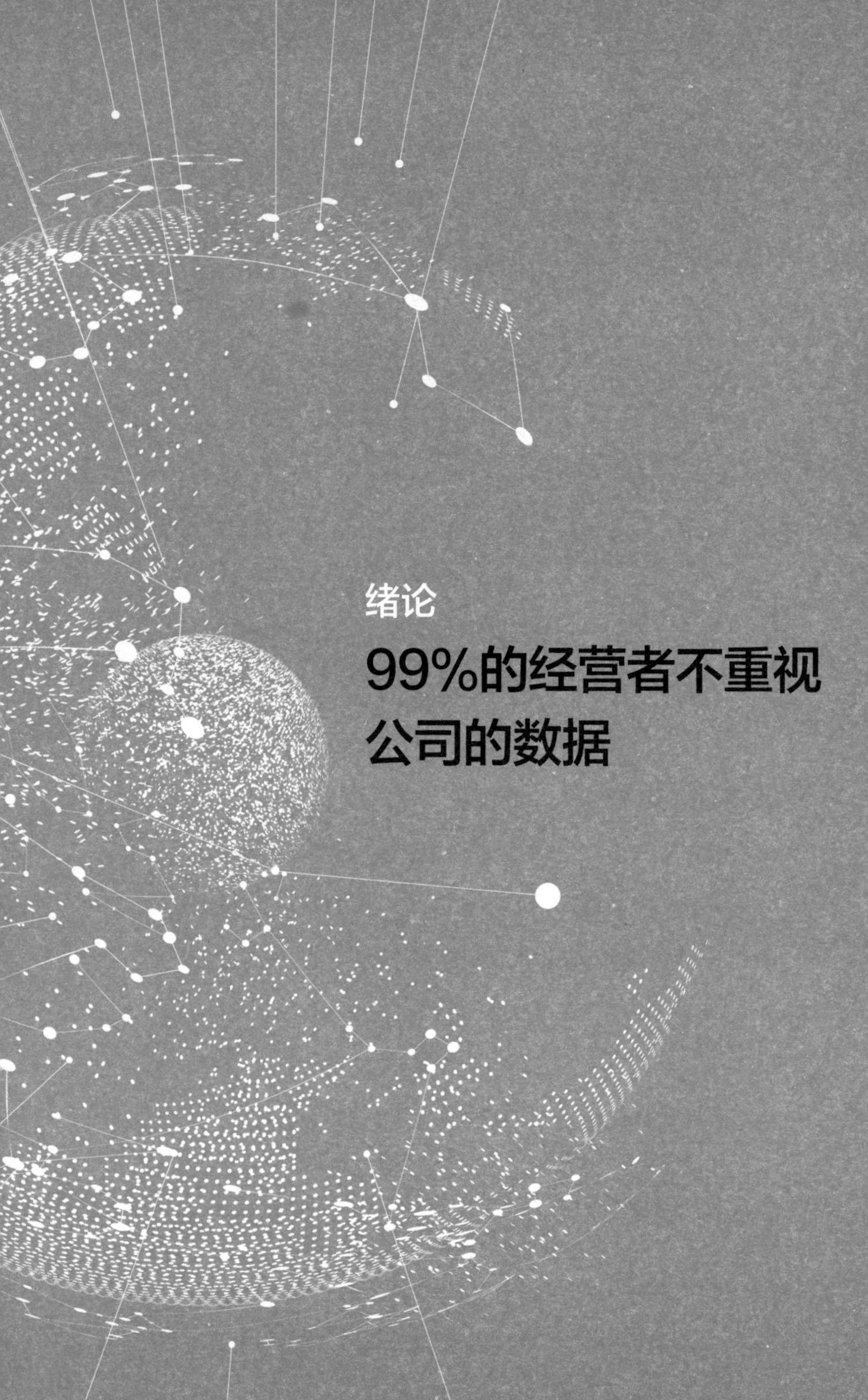

绪论

99%的经营者不重视公司的数据

经营者是穿着衣服的数字

什么是经营领域的“人格者”

在日本，人们通常将道德节操高尚的人称为“人格者”。但是在经营领域，所谓的“人格者”指的并不是那些道德高尚的人，而是能够提升数字指标、会用数字说话的经营者。他们是穿着衣服的数字。

我虽然算不上是品德特别高尚的人，但作为经营者，银行却对我青睐有加，愿意为我提供无担保贷款（有一家银行愿意无抵押、无个人担保为我提供最多7亿日元的贷款）。这么看来，在经营管理中，数字才是经营者的人格。银行愿意贷款给我，正因为我是用数字说话的“人格者”。

数字才是最简洁有效的语言

不同的人对同一句话有不同的解读方式。举例来说，当某一项目进展缓慢时，不擅长用数字指标的经营者往往会催促下属“项目进展比预期慢了，大家要加把劲”。这种没有用数字指标来指示的工作是不明确的，因为下属不知道所谓的进展缓慢具体有多慢，以及应该怎样去加把劲。相反，擅长使用数字指标的经营者会说：“项目进度慢了1周，请大家在3月31日之前完成自己的任务。为此，每人每天要多销售10个产品才行。”擅长用数字指标的经营者，他们的工作指示非常明确，他们会明白地告诉下属工作到底有多么滞后，必须在什么时间内完成，以及具体要做些什么。这样，接下来的工作才能够有的放矢。

数字是最简洁有效的语言，使用数字不会让工作产生歧义。因为无论对谁来说，10秒就是10秒，1000个就是1000个。给员工下达工作任务时，尽量不要用模糊的表达，要将任务量化成数字，摒弃个人情感，一切用数字说话。这意味着尽量避免给出主观性指示，不要说“再加把劲”“看看你都干了些什么”“做得完全不行”，一定要把员工的业绩量化成数字。例如，某员工原来的业绩是100，现在达到了110，很明显业绩增长了10；原来的业绩是100，现在的业绩变成了90，很明显业绩下降了10。

遗憾的是，很多亏损企业的经营者往往不看数字，而是看员工付出了多少汗水。考核员工业绩时，他们也只是以员工的努力程度作为评估标准。采用这种抽象指标的结果就是无法拿出具体的、有效的改进措施，导致企业出现亏损。

只有对数字敏感的人才会胜出

根据过往数据和经验做判断

管理不是单靠运气，而是需要根据过往数据和经验进行判断。我们要根据数据来验证今后要怎么做，以及为什么要这样做。这是成功（赢利）的重要因素。

在企业的经营过程中，经营者要做到以下几点：要密切观察状况；将相对评估和绝对评估结合起来；大胆提出假设，并予以验证；按照PDCA循环［计划（Plan）→执行（Do）→检查（Check）→行动（Action）］，提高获胜概率、准确率和精确度；从本质上看透人心；总结教训，不断学习。

以数据为基础

企业经营者如果忽视数据，永远不会赢利。不要只依靠运气或个人直觉，要以积累的数据为基础，反复分析验证令客户满意的方法，判断竞争对手的动向。

当我们分析得出商品A的市场需求大于商品B时，就要重点发展商品A。然后，我们要用数据来验证商品A的销售量的增减情况。如果增加了，则说明我们的分析是正确的。如果减少了，则要采取应对措施。亏肯定有亏的原因，盈也有盈的道理。为什么亏？为什么盈？这些都要通过数据来分析验证，然后吸取经验和教训，采取进一步措施。

我经营的武藏野实现了营业收入连续18年增长的好成绩。这正是我一直以来以数据为基础，反复分析验证，不断改进的结果。

根据时代变化、数据和人的心理开展经营活动

为什么取消退职金制度可以提高业绩

武藏野之所以有底气对公司机制做出重大调整，是因为我们的管理是以时代变化、数据和人的心理为基础展开的。例如，武藏野没有退职金[①]制度，这正是基于以上三方面的考量。公司虽然没有退职金制度，但是有返聘制度，不过这并不意味着所有员工都能被返聘。公司的经营计划中明确规定，如果个人意愿和公司要求达成一致，该员工便能够作为返聘员工重新回到公司工作。员工临近退休，不愿意再辛苦工作，那么

① 退职金指的是员工从企业退职时，企业发放给员工的补助金。日本法律对退职金不做强制要求，因此是否采用退职金制度由企业自主决定。由于日本有的企业仍旧沿用终身雇用制度，这部分企业员工在退休时才可以拿到退职金。本书作者对退职金的陈述也是以此为前提的。——译者注

公司便不会将他列入返聘名单。为了得到工作机会，员工即使在退休前也不会放松懈怠。从这一角度看，返聘制度对员工来说是一种有效的激励机制。

左右企业机制调整的三大影响因素

（1）退职金制度中的时代变迁因素

①人类即将迎来百岁人生时代。今后人类寿命将会大幅延长，相应地，国家、组织和个人的生活轨迹需要做出重大调整。

②由于退休年龄延迟，以及长期超低利率等环境的变化，单靠社会养老金已经难以支撑日本人的老年生活。

日本《老年人就业稳定法》已于2021年4月修订并生效，其中加入了有关返聘制度的内容。

③根据日本内阁府[①]的一项调查，目前在职的60岁以上人口中，约有80%的人希望在65岁退休后仍能继续工作。

④由于终身雇用制已经瓦解，比起提高基本工资，人们更希望退职金制度生效，有退职金制度的企业更受应届毕业生的

① 日本政府行政部门的最高决策机构。——编者注

青睐。

因此，认清时代变化（包括人均寿命、退职金等社会保障制度和法律），就能明白社会是否还需要退职金制度。

（2）退职金制度中的数字因素

①与支付退职金并结束雇用关系相比，不支付退职金，但会返聘这种方式能让员工获得稳定的经济保障。

②假如某员工年收入500万日元，他退休时可得到500万日元的退职金，这些退职金仅为员工工作一年的收入。但如果采取返聘的方式，虽然年收入没有以前多，但他至少能工作2年以上。即使返聘工资为原来的一半，最多3年之后他的收入就超过了退职金。

③如果取消退职金制度，企业便可以把那部分资金用来经营，可以帮助企业资金周转（我们可以把退职金看作未来的债务）。

（3）退职金制度中的心理因素

①临近退休，员工容易没有工作热情，得过且过。

②员工拿到退职金后，会没有工作变得无所事事，人也会迅速衰老。员工与其无所事事，不如投身工作，充实地度过每一天。

③与眼前的退职金相比，员工们更喜欢长期的返聘制度。

因此，通过分析数字和人的心理，经营者可以找到企业和员工双赢的经营方式。

应该怎样取消退职金制度

武藏野以前也执行过退职金制度，但在1992年我们便取消了该制度，当时的理由是为了减轻公司负担以及增加员工收入（从工资奖金中扣除所得税、社会保险后到手的收入）。取消退职金制度给公司和员工带来了以下好处。

（1）员工的可支配收入增加了

当时，武藏野的退职金来源于两部分，分别是“公司承担的部分”和“员工缴纳的部分”。取消退职金制度后，不再扣除员工需缴纳的这部分。

取消退职金制度的同时，企业提高了员工的基本工资（公司把退职金中需要公司承担的部分调整到了员工工资中）。员工一方面无须缴纳退职公积金，另一方面基本工资还增加了，最终员工的可支配收入增加了。

（2）有利于公司招聘人才

在终身雇用制度不断瓦解的今天，退职金制度也逐渐失去了其存在的意义。对于正在找工作的年轻人来说，与40年后得到的退职金相比，他们更看重眼前的收入（工资、奖金）。特别是对于中小企业来说，没有退职金制度，但基本工资（可支配收入）较高的企业，比起那些有退职金制度而基本工资较低的，更容易招揽到人才。

（3）可以无担保筹集资金

取消退职金制度时，员工A总计扣除了300万日元的退职公积金。这300万日元不是返还给员工A，而是以公司借款的形式留存在公司账户上。假设借款3年，总利息为10%（每年约3.3%），那么公司每月向员工A发放一定的借款利息即可。这是一个一举两得的好办法，公司获得了无抵押借款，员工的可支配收入也增加了。

当时的武藏野经营困难，入不敷出，很多银行都拒绝向我们放款。公司之所以没倒闭，除了因为我们关注数据，还有一个重要原因，那就是我们以提前支付利息为条件，从员工手里借到了周转资金。

（4）提高了员工的工作积极性

取消退职金制度后，员工的工作积极性提高了。因为他们产生了危机感，意识到如果公司破产了，那么借给公司的公积金就收不回来了。

武藏野在随时调整经营策略

我的经营理念是成立一个永不倒闭的公司，而不是一个赚很多钱的公司。要做到这一点，一定不能忽视时代变化、数字和人的心理这三个要素。依靠客观分析定性信息和定量信息，随机应变，调整公司的经营战略，这是武藏野多年来屹立不倒的法宝。

第 1 章 灵活运用数字，实施数据经营

经营者应以数字为依据进行管理

利用谷歌数据门户工具帮助决策和立项

武藏野从1984年开始进行数字化转型（DX）。2001年起开始推广数字化办公，最近几年数字化程度越来越高。2019年，我们转向数据驱动管理，旨在创建一个能够立即响应市场变化的数据驱动型团队，同年我们成立了数据驱动事业部。

那么，什么是数据驱动管理？武藏野的数据驱动事业部又是怎样的部门呢？

数据驱动管理是一种数据主导型管理方式，它可以综合分析收集的数据，为发展预测、决策、立项提供数据支撑。可应用于经营管理、模拟营业收入和人才调配等方面。

武藏野的数据驱动事业部不仅服务于公司内部的数据管理工作，为解决公司难题提供数据支援，还为其他公司（武藏野提供管理指导的经营支援伙伴企业）提供数据化咨询服务。在物理环境维护、人文环境维护和信息环境维护方面，参考武藏野的实际情况（现场、现物、现实），向其他公司提供数据驱动服务。通过在公司内部推广数据驱动，并向其他公司提供技术支援，帮助武藏野和其他伙伴创造利润。

数据驱动有以下四大功能。

（1）数据收集

将决策所需数据存储到云数据服务器上。云技术是指只在需要时才使用的一种依托于互联网的托管技术。服务器是指在网络中为其他客户机提供计算或应用服务的计算机。

（2）数据分析

计算存储数据随着时间的变化量，以及与其他数据的关联性等。

（3）数据可视化

用图表显示排名顺序、最大值和最小值等。

（4）决策

以数据分析结果为依据，确定具体的措施和对策。仅依靠分析数据，不会增加收益，分析结果与具体行动结合才是真正地运用数据。

武藏野利用谷歌数据门户工具等商业智能工具[①]，唤醒了公司大量的“冬眠”数据，使其焕发新生。

管理企业只依靠直觉或经验，可能会做出错误判断

将数据（数字）可视化，就能准确把握企业和市场动态。数据可视化带来的优势包括：第一，避免经营者或员工凭直觉和主观感受做出决策和判断；第二，根据实时数据做出判断，不会让经营计划出现重大偏差；第三，帮助经营者看清现实，及早采取挽救措施；第四，及时发现畅销商品的先行指标；第五，及时发现公司内部的异常，及早采取相应的措施。

当今社会中充斥了大量的商品、服务和信息，消费者的行为变得越来越复杂，这对卖方的经营决策提出了更高的要求。在管理过程中仅凭直觉或经验，很容易出现判断失误。经营者已经越来越难以通过直觉判断来管理一家公司，数据分析变得愈发重要。因此武藏野积极利用谷歌数据门户工具，分析顾客需求、销售收入与其他要素之间的因果关系。

---

① 帮助企业分析各种数据，使之可视化，为企业经营提供数据支撑的软件。

谷歌数据门户工具能够分别列出各客户、各商品的同比营业收入的变化情况，而且数据每15分钟会更新一次。此前，我们往往以月为单位对数据进行总结和分析，掌握公司在某个月的经营情况。现在，我们可以近乎实时地掌握公司的情况和市场的变化，第一时间采取应对措施。

不同的数据被连接到一起

谷歌数据门户工具帮助连接相关数据

什么是数据驱动？以下是我与曾为其做过管理咨询的伙伴企业的社长的对话，它将帮助你理解这一概念（见图1–1）。

社长：我不太理解什么是数据驱动。

我：我们可以把它比作东京站，这样就比较好理解了。东京站有很多层，分别是新干线站台、日本铁路公司（JR）电车站台及地下站台、公交车与出租车乘车处、地铁站台。

社长：是的，这个我明白。

我：东京站有5层。最上面一层是新干线站台。最下面一层是JR地下站台。如果你从新干线下车，要想去JR地下站台乘车，就要往下走4层，这样特别麻烦。

社长：的确有些麻烦。我经常拖着很重的行李，上上下下

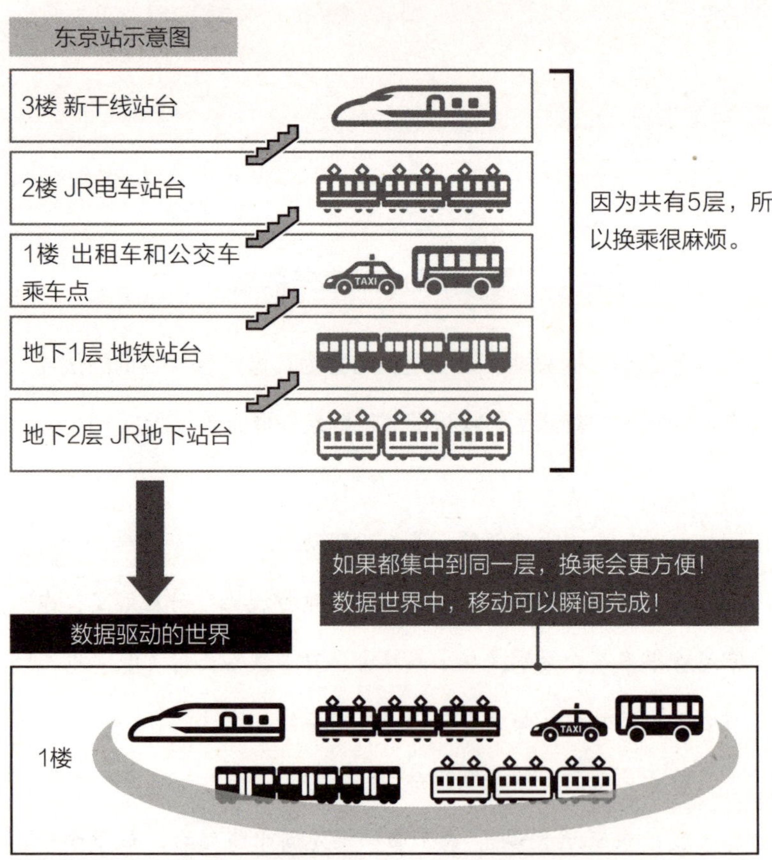

图1-1 将各站台连接到同一层的数据驱动

地爬楼梯，真的很辛苦。

我：是啊，那么如果在新干线的站台这层也有JR电车站台、地铁、公交车、出租车乘车点，换乘不是更方便吗？

社长：是的，肯定更方便。

我：数据驱动也是一样的道理。数据A、B、C、D如果分置在各处，会给人们造成极大的不便，还会浪费资源。但如果新干线站台可以与JR电车站台、地铁、公交车和出租车乘车点在同一层，就能大大增加东京站的便利性。数据也是一样，将其归置在同一平台，可大大提高它们的利用效率。

社长：你的意思是说，将各种数据集中在一个平台上吗？

我：是的，将数据A、B、C、D全部集中在谷歌数据门户工具这一平台，就能发现数据之间的关联性及迄今为止尚未发现的客观事实。

社长：我有个疑问，如果把新干线站台、JR电车站台、地铁、公交和出租车乘车点同层布置后，那么站台是不是要扩建，同层移动距离会不会扩大很多？是否需要花费大量的时间？

我：当然，新干线站台如果有数千米长，那么人们就需要走很长的路才能上车。在现实生活中，人们同层移动或许需要花费大量时间，但在数据驱动的虚拟世界中，移动是可以瞬间完成的，所以你不必为此担心。

使用谷歌数据门户工具可以发现很多未曾注意到的客观事实

我认为，数据驱动的特性之一就是将不同性质的东西连接到一起。使用谷歌数据门户工具后，能直观发现数据A与数据B的关联性。

武藏野曾经只按照销售额情况来考核员工的业绩。销售额高的员工被认为业绩好，反之，销售额低的员工被认为业绩差。但使用谷歌数据门户工具后，我们就可以直观对比每个员工的销售额与索赔件数之间的关系。我们发现，有的员工虽然销售额高，但是索赔次数也很多。公司为了应对索赔支付了大量费用，所以虽然该员工的销售额高，但实际上他却给公司造成了损失。

此外，可视化之后，销售数据变得更加直观，员工更有工作干劲了。武藏野的员工内野伸一，他是经营支援事业部下属的社长服务部的部门经理，曾经工作业绩排名第一。某天他通过谷歌数据门户工具发现，有位员工的排名超过了自己，自己的排名跌落到了第二。在没有使用谷歌数据门户工具前，只有到了下一个月才能知晓这个月的业绩排名情况，而现在可以实时进行观察和对比。内野伸一看到自己的排名下滑后，便立刻采取行动提高工作业绩，提升自己的排名。

为什么海外旅行使员工成长

10年内去海外旅行不足2次的人无法担任部门经理

武藏野每年都会举办海外研修活动（新冠肺炎疫情期间暂停）。只有获得社长奖、优秀员工奖、科长S评价[①]、新人奖的员工才有资格参加。通过谷歌数据门户工具分析“海外研修活动参加次数”与“员工职位”之间的关联性后，我们有了非常意外的发现。那就是升为部门经理的员工在第一次参加海外研修活动后，10年内至少还参加了2次同一研修活动，而在第一次参加海外研修活动后，10年内再次参加该研修活动次数不满2次的，无一例外都没有升任部门经理。

于是，我们得出结论：员工在第一次参加海外研修活动后，10年内至少还要再参加2次，这样才能取得更大的发展。

① S评价是上司给下属的工作情况打分时的最高等级。——编者注

基于这一结论，公司制订了新的计划，优先安排参加次数不足2次的员工去海外研修。但是遗憾的是，受到新冠肺炎疫情的影响，该计划未能实施。

聪明人是兼具准确判断力和敏锐感受性的人

为什么10年内至少参加2次海外研修活动的员工会有所成长呢？这是因为海外研修班可以培养员工的洞察力。

第二次世界大战结束前，海外的一些城市人口还非常少。20世纪50年代后，那些城市相继发展起来。海外无时无刻不在发生变化，所以每次去海外，员工都会注意到它发生了什么变化及为什么会发生这些变化（公司规定在 6天4 晚的培训期间至少要发现1000个变化）。

在人们的普遍意识中，聪明人就是会学习的人。但是我认为聪明人是兼具准确判断力和敏锐感受性的人。敏锐的人能很快捕捉到社会、时代和顾客群体的变化，并积极做出调整，他会随着时代的变化不断成长。

2019年12月，我去了中国深圳。40年前那里还是一个人口只有30万的小渔港，可是现在却已经成为拥有约1710万人口的超大城市，这使我惊讶不已。我来到大街上，在一家路边摊吃饭，第一次体验了电子支付，真的非常方便，我切身感受到了现金支付带来的不便。深圳正以惊人的速度不断发展，取得了令人惊异的成绩。这是一次宝贵的体验，带给我深刻的启发。

数据分析告诉我们为什么业绩好的人加班更少

“时间久了，自然出成绩”这一说法毫无根据

截至2013年，武藏野的员工每月平均加班时间为76小时。其中，每月加班时间接近100小时的有6人。自2014年起，我就开始关注加班问题。因为我意识到，作为中小企业不能一味地因循守旧，遵从旧的制度，否则很难在竞争中生存下去。社会在变化，客户也在变化，并且这种变化呈现逐年加速的趋势。只有根据变化采取对策，企业才能生存下去。如果企业不顺应时代的发展而做出改变，那么无论是客户还是员工都会抛弃你。

为了减少员工的加班时间，帮助他们提高工作效率，我在2015年的年度经营计划公开会上，要求每位员工本年度月平均加班时间控制在45小时以内，即使营业收入降低了，也要控制加班时间。之后，我又积极采取早下班措施。到了2021年，

员工的加班时间已经减少到月平均11小时。以前我曾认为“减少工作时间会导致营业收入下降”“劳动时间与生产能力成正比”“如果不增加工作量，营业收入就会下降”。然而，事实证明我的想法是错误的。经过改革之后，员工的工作时间虽然减少了，可营业收入却增加了。

现在武藏野为了第一时间获取一线工作情况，利用谷歌数据门户工具制作出“加班一览表”，管理所有员工的考勤信息，对员工展开跟踪管理（见图1–2）。

加班一览表体现了每个人的排名情况，谁的加班时间最长一目了然（该表对所有员工公开）。如上所述，谷歌数据门户工具最大的特点就是将不同的数据汇总后，可以轻松发现数据之间的关联性。例如，利用软件分析清洁事业部业绩与加班时间的关系后，我们会发现“工作时间越长，业绩越好”一说并无事实依据。加班时间与清洁产品的被报道情况、合同数量、合同金额等均无相关性。我们甚至发现业绩越差的业务员加班时间越长，业绩越好的业务员加班时间越少。经营支援事业部也同样如此。

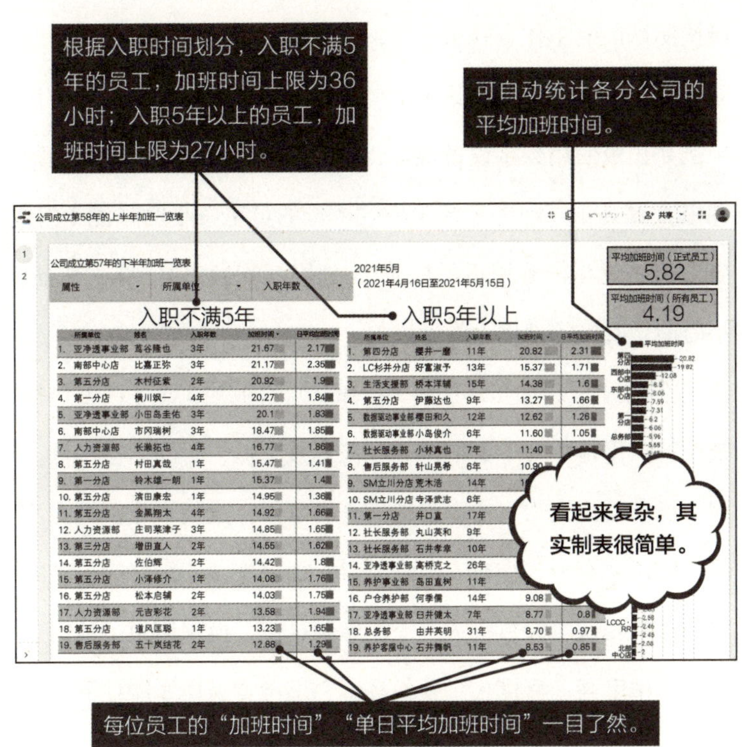

图1-2 加班一览表

需要加班意味着上班时间没有全力以赴去工作

为什么业绩越好的员工，他的加班时间越短？为了回答这个问题，我们就要在人们的工作方式中寻找答案。有的员工每个月需要加班30小时，让他把加班时间减少到15小时，他就不能按照以前的工作方式来工作，也不能像以前那样分配工作时间。他必须做出改变，除了不能浪费时间，还要改变工作方法（例如积极使用数字设备等），这样一来，他的工作效率便得到极大提升。以前，很多工作效率低的员工每小时只能干3件事，但是现在根本用不了1小时，他们就能做完3件事（甚至1小时能做4件或4件以上的事情）。

在武藏野，加班多、业绩差的员工的共同点是：工作拖拖拉拉、慢慢吞吞、磨磨蹭蹭，工作效率低，时间利用率低。因为没有使出全力，所以对他们来说工作一点都不累。因为不累，所以才有力气加班。与之相对，加班少、业绩好的员工的共同点是：做事风风火火，工作麻利迅速。换句话说，他们工作的集中度高、密度大。他们经常会思考“怎样才能在下班前完成工作”“怎样才能减少加班时间，提高业绩”，无论是身体还是思维都在满负荷运转。因为在工作时间使出了全力，所以到了下班时间他们的身体就会非常疲惫，没有多余的精力加班，也就会早点下班回家。

加班多意味着员工在工作时间内没有全力以赴，加班少意味着员工在工作时保持了非常好的状态和较高的工作效率，稳健地推进了工作。

让员工加班是错的，不让员工工作也是错的

在武藏野的经营计划书中明确了每月加班时间的上限，全公司的员工都在努力削减加班时间，早点下班回家。

> 加班时间的上限
>
> 入职5年以上的员工：27小时以内。
>
> 入职5年以下的员工：36小时以内。

根据日本《劳动标准法》，原则上加班时间每月不得超过45小时，每年不得超过360小时。武藏野的上限标准完全符合日本《劳动标准法》的要求。之所以按照入职时间是否满5年来划分，是因为我认为年轻时多出点力有利于个人的进步。

无论是对员工来说，还是对公司来说，非必要的加班都是不可取的，但是不让员工工作也是不对的。劳动时间太长，员工会疲惫；劳动时间太短，员工的进步就慢。如果新员工和老员工的劳动时间完全一样，那么新员工永远追不上老员工。因此，武藏野允许新员工在不超出加班时间上限的前提下，比老员工工作的时间稍长一点。

为什么企业应该引进数字设备

为什么引进数字设备对企业更有利

我在前言中说过，武藏野不仅为300名正式员工，还为临时工、小时工、已被录用的应届毕业生、外勤人员配备了iPad，总台数多达847台。不仅如此，公司每3年还会为员工将iPad更换成最新款式。设备性能升级后，员工的工作效率也能得到相应提高。因此，为了提高员工的工作效率，公司应该毫不犹豫地为他们提供最新的设备。武藏野每3年花费在数字设备上的采购费总计约1.77亿日元，其中购买iPad花费约1.03亿日元，购买苹果手机（iPhone）花费约0.74亿日元。员工的通信费也由公司承担，每人每月平均约9000日元。

很多中小企业的经营者一听到庞大的设备采购费用就犹豫不决，表示价格难以承受。但是我坚信，即使每3年为员工更新一次数字设备，并且由公司来承担员工的通信费，对企业来说仍然利大于弊。

2021年东京的最低工资标准是每小时1041日元。通过简单的计算我们可以发现，9000日元的终端费用相当于约9小时工资。如果数字设备可以为员工节省9小时的工作时间，企业在通信费上的投资就能回本（1041日元×9小时=9369≈9000日元）。

使用数字设备后，每个员工的加班时间减少了65小时（由76小时减少为11小时）。单加班费这一项，每年可节约3亿449万日元的费用支出［65小时×1041日元最低工资×加班费补贴率1.25×12个月×员工300人（截至2019年年底）=304492500日元］。

节省出的加班费，我没有留给公司，而是用于增加员工工资以及促销费和员工培训费的投入。这样做的收益远远超出了数字设备更新的投资，对公司来说是有利的。

为业绩好的员工涨工资

一般来说，公司经营者与员工对工资的看法是截然相反的。经营者希望员工少拿工资多干活，而员工则希望轻轻松松地拿高工资。我认为应该为业绩好的员工和工作勤奋的员工涨工资。武藏野采取各种措施减少员工加班，措施之一就是将工资标准提高了10000日元。这样一来，员工虽然加班时间少了，但是到手的收入却没有减少，努力工作的员工收入反而增加了。

不过，加班时间少了，加班费就少了。作为补偿，武藏野给员工提高了基本工资，对于那些在工作时间之内把事情做好的员工，公司还额外提供了奖励（2021年7月奖金增加了125%）。这样一来，加班时间虽然减少了，但是公司业绩却提高了，这是员工努力的结果。如果把节省出的加班费扣留在公司，员工一定会有怨言，这会影响到他们的工作干劲。

武藏野减少加班时间后，收入不降反升的另一个原因是将加班时间与人事考核挂钩。

员工一开始不愿意使用谷歌数据门户工具

武藏野使用谷歌数据门户工具的案例

武藏野此前一直有一些工作偷懒的员工，这也是正常的现象。不过使用谷歌数据门户工具后，员工偷懒、做事拖沓、工作敷衍了事等行为都一下子显露出来，于是他们没办法再偷懒了。员工一开始对这套软件很排斥，但是由于是公司的规定，所以只好使用下去。因此，他们一开始的努力是带着怨言的。

武藏野利用谷歌数据门户工具建立起一套机制，既能督促员工努力工作，同时也能将员工的努力成果直观地显示出来。员工是否真的在努力工作，通过一张图便显露了出来。

案例一：养护客服中心的业务效率技能表

养护事业部下属的养护客服中心是客户服务的窗口。

客户经常会来电咨询业务，咨询内容包括“能不能帮忙清理地毯”等。使用谷歌数据门户工具前，工作人员需要用很长时间来确认能不能接单，然后再回复客户（来电后24小时内回复）。

引入谷歌数据门户工具前的工作流程为：①收到客户的清洗委托。→②客服人员首先询问各门店：“提供地毯清理服务的员工（有清理认证资格）某月某日是否能够提供服务。”→③等待门店回复。→④收到肯定答复之后，客服人员回复客户：“可以为您提供清理服务。”

引入谷歌数据门户工具后的工作流程为：①收到客户的清洗委托。→②客服中心的工作人员无须咨询门店，通过工具即可查询哪些门店有具备清理资格认证的员工，以及这些员工哪一天可以工作。→③当场回复客户。也就是说，引入工具后，无须等待，即刻便可答复客户。

谷歌数据门户工具的技能表随时更新各员工的技能（或技能水平）和工作计划。所以，“能为客户提供清理服务的员工在哪个门店”“在客户期望的时间段，哪位员工可以提供服务”，这些信息一目了然（见图1–3）。

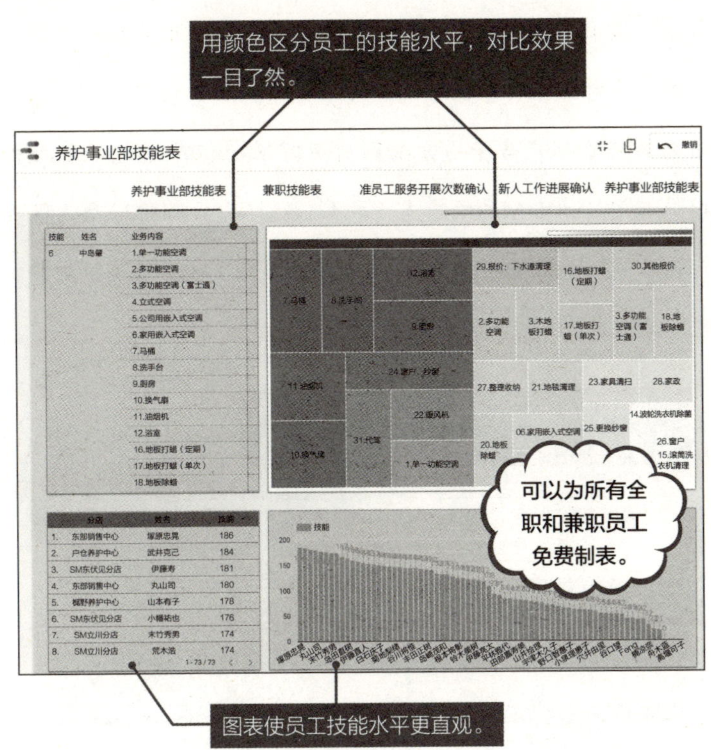

图1-3 能够即刻答复客户的谷歌数据门户工具技能表

案例二：直邮广告效果检测

清洁事业部在举办促销活动时，会向顾客寄送直邮广告[①]

---

① 广告主将广告信息印刷成信件或宣传品以指名方式直接邮寄给有可能购买的消费者。——编者注

（以下简称“DM”）。DM的寄送范围为东京的26个片区。在测试直邮效果（寄出直邮广告后会收到多少订单）前，我认为应该将直邮广告平均分配到所有片区。但是通过谷歌数据门户工具分析DM的响应率（收到DM广告后有所行动的顾客比例，这些行动包括购买商品或提出咨询）之后我有了重要发现（见图1–4）。

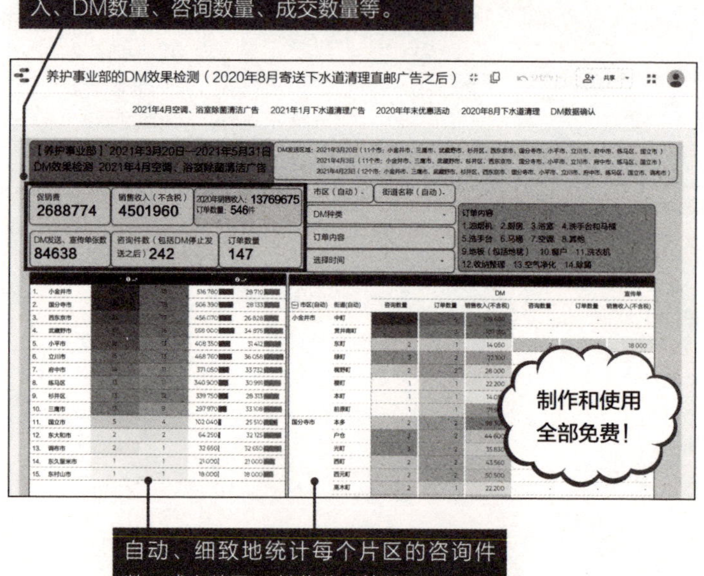

图1–4　养护事业部DM效果检测

从响应率来看，较高地区是较低地区的3倍左右，因此将广告集中投放到响应率高的地区，会取得更好的效果（营业收入超过促销费用）。举个例子，将“厨卫清扫服务”和“空调清理服务”进行对比，如果“空调清理服务”的响应率更高，那么可以在DM中增加有关“空调清理服务”的内容，提高订单成交率。

促销的目的是增加顾客数量，帮助畅销产品卖得更好。因此，我们需要准确判断哪个区更适合投放哪类商品的DM。通过DM测试，可以使促销费用更有的放矢，减少浪费。

由此看来，使用谷歌数据门户工具，可即时掌握DM发出后的咨询人数和成交件数。从分析结果中获知在何时、何地以何种方式开展DM效果最好，通过这种方式帮助企业减少浪费，做出正确的商业决策。

案例三：退单分析

清洁事业部下属的业务部会进行退单分析，分析内容包括“什么样的客户容易退单”“怎样接待客户、为客户提供怎样的服务可以防止客户退单”“怎样让退单的客户再次选择公司的产品和服务”“各项业务的退单理由有哪些”，等等。如图1-5所示，利用谷歌数据门户工具解读数据之后，我们会发现只提供清扫服务会导致客户退单，而清洁组合套餐的退单数量较少，退单理由最多的是“不使用了”。另外，向顾客发放使用说明书会让他更多地使用公司产品。通过以上措施，可以有效减少顾客退单，同时促使顾客再次选择本公司的产品和服务。

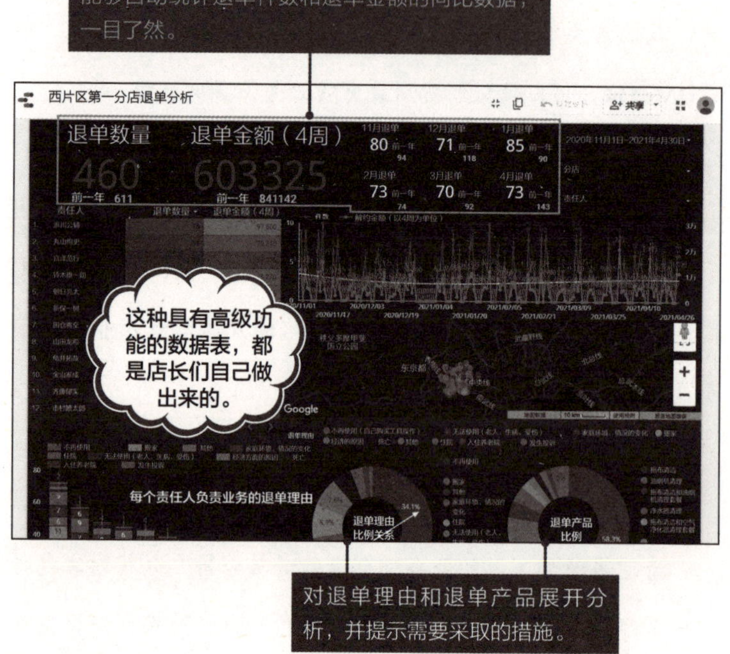

图1-5 有效防止客户退单的谷歌数据门户工具“退单分析”

除了退单件数、金额，还能显示退单产品，甚至自动分析退单原因。员工可以从中寻找对策，减少客户退单，促使客户重新使用本公司产品。这份谷歌数据门户工具表格曾获得武藏野谷歌数据门户工具大赛的优秀作品奖。

案例四：谷歌数据门户工具制成的跟进表

跟进指的是跟进所推荐产品（或者咨询的产品）的客户反馈，确定客户购买意向的行为。只要不是当场决定的交易，客户在决策之前都会有一定的思考时间。利用软件把这一阶段的跟进状况、成交率、客户对产品的了解途径等转变成数据，这就是清洁事业部的跟进表（见图1–6）。这个表格在武藏野是被学习模仿最多的表格之一。

将产品推荐给客户之后，通过数据及时跟踪成交前的进展情况，可有效防止出现员工跟进不及时的问题。

案例五：销售大赛

在清洁事业部，新合同的签约业绩与奖金挂钩（对业绩好的员工给予提成奖励）。如图1–7所示，通过使用谷歌数据门户工具

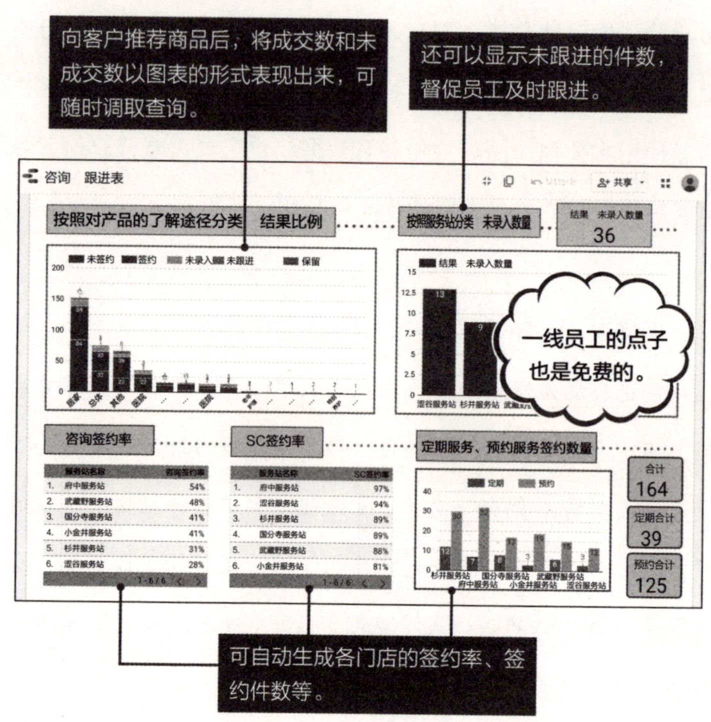

服务站名称	咨询签约率
1. 府中服务站	54%
2. 武藏野服务站	48%
3. 国分寺服务站	41%
4. 小金井服务站	41%
5. 杉井服务站	31%
6. 涩谷服务站	28%

服务站名称	SC签约率
1. 府中服务站	97%
2. 涩谷服务站	94%
3. 杉井服务站	89%
4. 国分寺服务站	89%
5. 武藏野服务站	88%
6. 小金井服务站	81%

图1-6　跟进表

注：按原书作者要求，图中某些项目名省略处理。

制作的表格，所有员工都能看到“谁签订了几个定期清扫委托合同”“这些合同能拿到多少提成”。以前，奖金金额是通过人工计算的。现在，将产品寄送给客户之后，系统会自动生成奖金金额。不同级别的员工，奖金金额和发放率各不相同。即使签约件数相同，只要级别发生变化，那么奖金金额也会发生相应的变化。

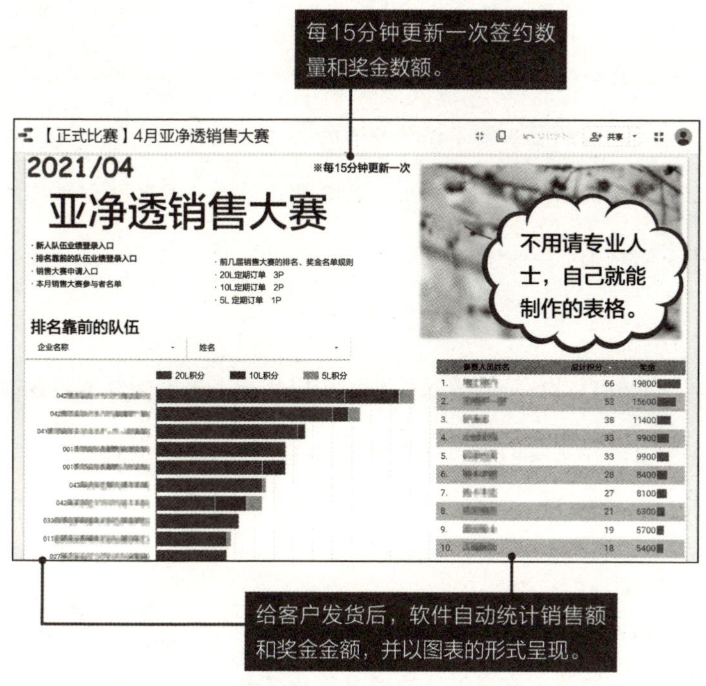

图1-7　提高整体签约率的“销售大赛”

注：按原书作者要求，图中某些项目名模糊处理。

员工级别分为A、B、C三个等级，各占比例为A级（前25%）、B级（中50%）、C级（后25%）。如果以B级奖金为标准，那么A级奖金为B级的2倍，C级奖金为B级的一半。公司按照上个月的业绩确定员工级别，如果上个月的业绩达到了前25%，那么这个月的就是A级。如果这个月的业绩不好，那么下个月就会下降一级。

高一级的员工为了保住原有的奖金会更努力，低一级的员工为了增加奖金也会更努力，结果就是整个公司的新订单签约率不断提高。

能够自动计算新签约件数和相应奖金。员工能够通过数据看到自己每个月的努力成果。每个武藏野的员工都能看到几乎所有的图表。

案例六：会餐管理

武藏野在经营计划书中明确提出了社交方面的要求，为会餐制定了规则（不适用于新冠肺炎疫情期间）。

上司每个月都会与下属一起吃饭（不能连续2个月宴请同一员工，如果下属只有1人，那么可每3个月宴请1次），由公司报销餐饮费。以前行政人员很难查证上司是否真的与下属一起吃饭了，所以往往不做确认。现在通过谷歌数据门户工具，可以将会餐次数与餐费申请绑定到一起进行管理。换句话说，提出申请（申请报销餐费）的员工参与了会餐，而没有提出申请的员工则没参与会餐。

案例七：提升兼职员工的内勤业务效率

询问兼职人员“每天拿出多少时间做什么工作”“要做完这份工作，需要多长时间”“哪位员工拿出多长时间参与了这项工作”，并将他的回答以数据的形式呈现出来。分析这些数据后，我们发现，越费时的工作，工作效率越低。公司通过这种方式可以掌握员工作业所需的时间，这样就能让员工采取改进措施，或者让员工从事他擅长的工作。

新机制难以推广的原因

推广谷歌数据门户工具的各种举措

人们都讨厌麻烦的事，大都不愿意开始一项新的尝试，抗拒从头开始学习。每当我提出要引进新的机制时，员工必定会表示反对。无论是在1986年开始利用计算机开展日程管理，还是1994 年使用语音邮件，在1995年开展联网办公，在2000年引入i-Mode[①]，又或是在2012年使用iPad办公，无一例外，员工都持反对意见。

要改变习以为常的工作方式，普通员工肯定会有所抗拒。经营者忽视员工的反应，强制实施，结果招致员工的反对，无法把新的制度推行下去。这不是员工的问题，而是经营者缺乏

① 日本电信运营商都科摩公司（NTT DoCoMo）于 1999 年推出的一项服务。——译者注

管理技巧。

为了在公司推广谷歌数据门户工具，我推出了以下九大举措：

（1）从一线员工的视角创建图表。

（2）使任何人都能轻松上手。

（3）不管有没有用，先做起来再说。

（4）经营者带头示范。

（5）举办数据驱动学习班，开展案例推广活动。

（6）两名新入职员工担任学习班的讲师。

（7）允许员工使用数字设备做私事。

（8）通过大巴游学活动共享经验。

（9）将升级版谷歌数据门户工具的数量与业绩考核挂钩。

下面进行具体介绍。

（1）从一线员工的视角创建图表

换句话说，由一线员工来创建图表。我的基本原则是要自己创建、自己使用与自己工作相关的图表。新机制难以推行的一大原因就是企业将机制创建的工作全部外包给第三方，而第三方往往并不十分了解公司的业务。与这些人做出的图表相比，一线员工做的明显更实用（谷歌数据门户工具操作起来非常简单，只要不是特别复杂的图表，任何人都能够轻松上手）。

此外，企业有一些工作已经在传统模式下做得很好了，将这部分工作也进行数字化转型，可以进一步提高工作效率。

（2）使任何人都能轻松上手

企业不需要过于复杂的系统，不要复杂到只有信息技术高手才能使用。系统要越简单越好，保证所有人都会操作。有的人会用而有的人不会用，反而有损工作效率。

（3）不管有没有用，先做起来再说

我们并不需要一开始就制作出完美的图表。如果要求员工一开始就制作完成度较高的图表或者对业务非常有帮助的图表，员工往往会踌躇不前，不敢去尝试。

武藏野的做法是降低门槛，告诉员工图表简单一点也可以，做得好不好都行，即使对业务毫无帮助也没关系。有了公司的承诺，员工纷纷开始尝试制作图表，很多毫无用处的图表如小山般堆积起来。不过并非所有图表都没有用处，其中总有两三个是用得上的，将这些有用的图表分享给部门中的所有员工。

我的观点是，不要花费很长时间只为了做出高质量的图表，而是要尽快做出很多种来（质量差一些也可以）。这样，大家都会去参考那些有用的图表，不断提升自己的水平，做出更高质量的图表。如果一开始就要做出100分的图表，那么研究工具的使用方法会花费相当长的时间，距离实际应用便遥遥无期。新图表要尽早用起来。迅速制作一个，一边使用，一边修正，做得很粗糙也没关系，赶紧做起来。让有能力做却不努力的人尽快产生紧迫感才会有好的未来。

（4）经营者带头示范

武藏野的管理层每天早上6点50分乘出租车来接我上班（轮班制）。从我家到公司大概需要30分钟车程。到达公司前，接我的管理层会向我汇报三项信息，分别是下属、客户和竞争对手的信息。这已经成为定例。

现在，除了以上三项，又增加了新的汇报项目，那就是所管辖部门制作的三个新的图表。

我虽然已经73岁了，但是却是武藏野中信息技术水平最高、最理解数据驱动概念的人，所以我经常给员工提出建议，例如“把这一项与那一项组合起来比较好”“你做的这份图表不太好，还是放弃吧”“切入点不错，但如果这样改一下的话是否效果更好”，等等。

武藏野推行使用谷歌数据门户工具制作图表的进展之所以非常顺利，是因为我们不是完全交给员工来做，也不是外包给第三方，而是由社长带头做起来的。

（5）举办数据驱动学习班，开展案例推广活动

在学习班上，各部门会发表各自的谷歌数据门户工具应用案例，然后在全公司横向铺开推广。公司内部做得好的东西能不能横向推广，对于改善经营业绩非常重要。将公司内部的成功案例树立为标杆，员工们共同学习进步，公司业绩就会上升。

很多人想从0进步到1，但是因为缺乏经验，所以往往很难成功。遇到这种情况，我建议他可以试着走捷径，比如去模仿别人已获得成功的1，这样或许更容易达到目标。靠自己的努力难以做出成果时，不如边学习别人的成功案例，边做出成果。

（6）两名新入职员工担任学习班的讲师

公司定期举办谷歌数据门户工具制作方法的学习班，担任讲师的是新入职的员工。如果讲师由干部或资深员工担任，那么资历或职位较低的员工可能不敢提出问题，他们担心给上司

留下无能的印象。让新入职的员工担任讲师，老员工就没有思想包袱，可以自由随意地提问，从而提高学习效果。对于新人讲师来说，刚入公司就被委以重任，而且被前辈们倚重，他们会产生一种获得认可的满足感。

另外，信息技术水平较低的人担任讲师，他们往往从最简单的内容讲起，比信息技术高手的讲解更加浅显易懂，员工的理解也更为透彻。

（7）允许员工使用数字设备做私事

人们往往难以想象增加3个数量级之后的世界。零花钱从每月的10000日元增加到每月1000万日元，很多人会变得不知所措，他们从来没拥有过这么多钱，也不知道应该怎样花。

计算机就是这样的世界，它处理的信息量是千字节（KB）、兆字节（MB）、吉字节（GB）、太字节（TB），以千倍为单位不断增加。在信息化时代，无论多么聪明，人脑也追赶不上计算机。在一个靠自身脑力难以达成目标的时代，硬要依靠脑力，要么会出现错误答案，要么会陷入思维停滞的窘境。

那应该怎样做呢？不用多想，去接触新事物即可，动手尝试一下吧。去习惯它，而不是学习它；去动手，而不是动脑，这样就能战胜退缩心理。

出于以上考虑，武藏野允许员工使用公司配发的笔记本电脑玩游戏，可以在家里浏览自己喜欢的网页。即便用作私事，只要不断接触笔记本电脑就可以。在使用时有不明白的地方可以随时提问，这样员工的信息技术技能便可以得到不断提升。

（8）通过大巴游学活动共享经验

武藏野每年都会举办乘坐大巴参观各分部的大巴游学活动。在今年的活动中，各部门介绍了各自的数据驱动案例，并从中选出3件优秀作品。它们是员工的学习榜样，员工们会学习这些优秀作品，并将它们应用到自己的工作中。

（9）将升级版谷歌数据门户工具的数量与业绩考核挂钩

将初步创建的图表数量、现在使用的升级版数量纳入奖金的考核范围之后，公司业务会获得极大改善。员工还会在已有的图表中选出一些应用到下一阶段的工作中。

因此，可以得出如下要点：

- 个人制作、个人使用有助于个人工作的图表。
- 结构要简单，便于全员推广使用。
- 无须花费长时间制作复杂图表，要尽早、尽快制作大量图表（即使质量较差也没关系）。

- 将内部的成功案例树立为标杆，供员工们学习和模仿，公司的业绩将获得提升。
- 去习惯它，而不是学习它，这样就能战胜退缩心理。

使用新工具后，员工开始出现变化

引入谷歌数据门户工具，提高管理水平

金鹤食品制果株式会社位于埼玉县八潮市，主要业务是生产和销售各种坚果和干果。该公司如今也在利用谷歌数据门户工具管理生产、销售和计划等各种数据。社长金鹤友升笑着说："第一次听到数字驱动时，完全不知道什么意思，将它听成了数字盖饭。"[①]今天，无论是营销环节还是生产环节，这家公司已经全面引入了谷歌数据管理体系。

金鹤社长表示，在销售方面谷歌数据门户工具可以带来三大效果。第一，可以将老员工的隐性知识[②]转化成文字或图

---

① 社长将"驱动"的发音误认为是"盖饭"，因为在日语中二者发音接近。——译者注

② 指人们知道但难以表达的知识。——编者注

表，并传达给新员工。老员工可以凭借自身的经验判断哪种产品在哪些地方更畅销。而新员工因为缺乏经验，对这方面几乎不了解。将老员工的经验转化成数据和图表后，新员工的工作就能更有针对性，少走冤枉路。第二，可以纠正客户先入为主的想法。有些经销商固执地认定某一种产品好卖，某一种不好卖。这时如果你拿出数据告诉他，某种他认为不好卖的产品，在同一领域的其他经销商那里却很畅销，那么该经销商就会转变自己的想法。数据是客观的，它不会说谎。第三，说服力强。在大豆食品行业，拿着数据做营销谈判的企业，只有金鹤食品制果株式会社一家。在商业谈判时，使用谷歌数据门户工具会让对方眼前一亮，非常具有说服力。

在生产方面，将各条生产线的运行状态以图表的形式表示出来之后，产量将获得显著提升。金鹤社长说："我们有10条生产线，通过查看数据我们发现，生产任务集中在某2条或某3条生产线上时，我们就会进行实时调节，将生产任务分摊给其他生产线，从而提高生产效率。"

利用谷歌数据门户工具，劝说患者继续接受治疗

位于栃木县宇都宫市的长谷川整形外科医院利用谷歌数

据门户工具构建了院内的横向联系机制。院长长谷川恭弘说：“我们医院共有5个部门，以前各部门分别管理自己的数据，部门之间没有实现数据共享。有医保的患者和没有医保的患者是在不同的系统中分开管理的。在武藏野的指导下，现在我们医院进行了数字化转型。这样一来，患者的治疗情况就可以在同一个系统内查询管理了。”

数字化转型后一定要进行数据共享，否则就如同前文中提到的东京站一样，新干线、JR电车线路、公共汽车和出租车乘车点分布在各层，换乘时很不方便。长谷川整形外科医院5个部门实现数据共享之后，医院的管理效率大幅提升。

此外，长谷川整形外科医院还利用谷歌数据门户工具跟踪中断治疗的患者情况。长谷川院长说：“有些患者还没完全康复就中断治疗，不再来院就诊。我们通过管理这些患者的详细数据，可以劝导他们继续回来接受治疗。”假如有一位中断治疗的患者，他只要再来3次，就能完全治愈。医院便会联系这位患者，告诉他治疗很快就结束了，希望他能回来继续治疗，使病彻底被治愈。这种联系没有强迫或推销的意思，而是一种亲切的、善意的劝导。

长谷川整形外科医院的经营效益之所以不断提升，主要有两个原因。一是引进谷歌数据门户工具后，管理效率大幅提高；二是医院从患者的角度出发，为患者切实提供他们真正需要的治疗，向患者传达“治疗患者，而非仅治疗疾病”的人文关怀理念，并采取了完善的个人信息保护措施。

环境整顿与数据驱动的共性

总部位于山形县米泽市的后藤组株式会社是一家从事土木建筑、房地产和餐饮业的企业，他们在各领域为当地经济做出了卓越的贡献。社长后藤茂之认为，工作环境整治与数据驱动具有共同点。环境整治是整理杂乱无序的状态，备足环境资源，使工作更加轻松高效。后藤组株式会社将环境整治作为经营的重中之重，彻底贯彻环境的整理、整顿，让工作更轻松。

（1）整理即扔掉

将有用的东西和没用的东西分门别类整理好，扔掉那些没用的东西，做到有所取舍。如果什么都想做、什么都想要，资源就会变得分散，企业无法做出好的成绩。如果擅长整理，经常扔掉没用的东西，就能练就出火眼金睛，迅速发现哪些信息和哪些工作是无用的、浪费的。

（2）整顿即统一

确定物品的摆放位置和朝向，方便所有人使用。要统一椅子的位置，笔架的方向，簸箕的方向，书架资料的存放顺序。每位员工都遵守公司的规定，在公司指定的位置进行整理和整顿，这会在员工之间形成不可思议的合作力量。员工的思想统一后，公司的凝聚力会显著提升。

后藤社长为什么会在环境整治和数据驱动之间找到共同点呢？后藤社长说："谷歌数据门户工具可以自动收集各种数据创建表格。其中最关键的是把收集到的信息放在一个固定的位置。这种把东西放到固定的位置的做法就是整顿。换句话说，谷歌数据门户工具可以看作一种自动整顿信息的机制。以前，每个员工都按照自己的做法来检查工作，人跟着工作走。但是现在将工作方式整合起来实现了数据共享，大家有了统一的工作模式，提高了工作效率。先跟客户这样解释，然后再这样解释，最后再这样解释……这种统一的工作方式的形成过程就是整顿。如果某家企业难以推广数据驱动管理，或许需要反思一下公司在环境整治，特别是整顿方面做得够不够。如果在肉眼可见的物品整顿上做得不到位，那么，在肉眼不可见的信息整顿上就更难了。要想推广数据驱动经营，就要在环境整治上下足功夫。”

最后介绍一例引进谷歌数据门户工具的企业案例。位于埼玉县川口市的鹤见制纸株式会社创立于1922年，是一家拥有百年历史的老牌企业。在社长里和永一的带领下，公司员工参加了数据驱动之旅，具体内容是访问武藏野的各分公司，听武藏野员工介绍如何利用数据开展工作。在活动中，鹤见制纸株式会社的员工表示不知道应该从哪里入手利用谷歌数据门户工具制作图表，所以一直没有什么进展。针对这一问题，负责引导工作的总负责人市仓裕二反复强调了以下两点：第一，制作数据；第二，将业务进行数字化转型。员工不要只依靠直觉、经验和一腔热血行事，做决策时要以数据为参考依据。全体员工都要利用好谷歌数据门户工具，创建一个人人都能参与管理的强大公司和强大团队，这是我们未来的目标。

以下是活动后的部分问卷调查内容。

我不擅长利用数据，所以担心自己可能适应不了数字化。但是当有人告诉我只要把原来的业务原封不动地进行数字化转型即可时，我变得非常积极，想立刻去尝试。（普通员工）

市仓先生的话给我留下了深刻的印象，他说武藏野的数据驱动经营并不是自动化作业，而是一种数据管理工具。通过这种工具可以将每个人的想法和业务状态转化为直观数据，引导每位员工参与到企业的经营管理中。（里和永一社长）

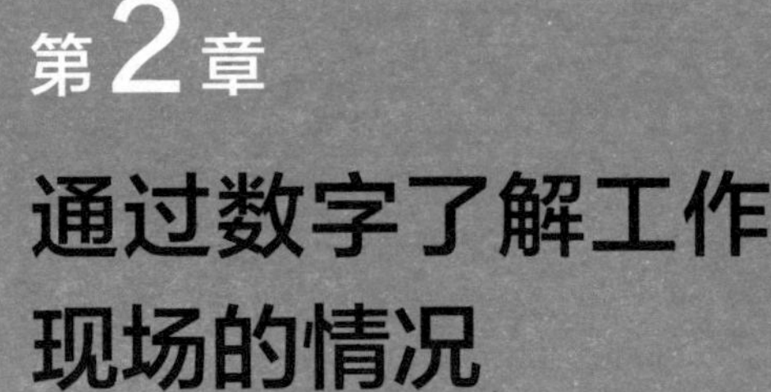

第2章 通过数字了解工作现场的情况

按照时间序列查看数据

只看某个时间点的数字，无法了解公司发生的变化

经营者为什么一定要观察数字？因为这可以帮助他了解一些他不愿意面对的现实，在第一时间判断公司是否出现了问题。现代社会瞬息万变，即使成功的企业也会遇到麻烦。世界的变化不以人的意志为转移，它不会给企业缓冲的时间。面对瞬息万变的市场和客户，企业必须经常关注经营数字，尽早发现异常，除此之外别无他法。数字的变化就是企业的变化。

但是，只看某个时间点的数据并不能帮助经营者做出准确的判断。就像我们在测量血压、体重、体脂时，仅凭某一次的测量数值并不能掌握身体的变化一样。如果我们只看本月数据或年度结算数据往往会忽略公司发生的细微变化。想及时查知公司的异常状况，要看相对评估，即与上一年同月相比的数据。换句话说，要按照时间序列查看数据。公司每个月都要制

作一次年度总计表，将去年下月到今年本月的数字（营业收入、毛利润、营业利润等）都统计出来，以此把握公司的运营状况。

营业收入是表示企业在市场中地位的数据。毛利润是经营收入减掉经营成本之后的数据，“销售额100亿日元，毛利润15亿日元的企业”与“销售额30亿日元，毛利润21亿日元的企业”相比，后者才是大公司。营业利润是毛利润减掉人工费用、销售费用、管理费用、财务费用等内部费用之后的数据。我们每个月都要关注企业的年度总计数据，年度总计数据指的是一年数据的汇总，也就是说，我们要把从该月追溯到上一年的相应月份的一年之间的年度数据汇总起来。年度总计也称为年度移动总额，是每个月把之前一年的营业收入进行总计之后的数据。换句话说，每个月都要进行一次年度销售结算。公司既要把握长期走向，也要做出短期判断。销售价格波动的公司（营业收入随市场价格变化的公司）如果不对营业收入和相关数据进行年度汇总，很容易做出错误判断。

年度总计的本质是每月进行的与前一年同月的比较。例如，今年1月份的年度总计指的是从去年2月份到今年1月份的数据汇总。年度总计中既包含了营业收入较高的月份（季节），也包含营业收入较低的月份（季节），所以基本不会受到季节变化的影响。

每个月的年度总计的计算公式如下：

上月总计销售收入（上月年度总计）+本月销售收入–上年本月销售收入=年度总计值

参考营业收入年度总计表，计算第47财年11月的年度总计数额，我们会得到表2–1的结果。

表2–1 销售收入年度总计表

（百万日元）

月份	第46期		第47期		第48期	
	当月销售收入	年度总计	当月销售收入	年度总计	当月销售收入	年度总计
1月	314	3523	302	3696		
2月	292	3531	351	3755		
3月	315	3517	344	3784		
4月	297	3504	294	3781		
5月	299	3525	294	3776		
6月	299	3502	314	3791		
7月	280	3504	340	3851		
8月	320	3525	325	3856		

掌握公司经营状态，早期发现异常。

5月份的年度总计是从去年4月开始到今年5月的数字总额。

续表

月份	第46期		第47期		第48期	
	当月销售收入	年度总计	当月销售收入	年度总计	当月销售收入	年度总计
9月	270	3532	287	3873		
10月	296	3593	304	3881 →	A	
11月	321（→C）	3612	342（→D）	3902 →	B	
12月	405	3708				

注：1.年度总计（B）=前一年年度总计（A）+本月销售收入（D）-前一年本月销售收入（C）。

2.第47年度10月的年度总计（3881）+第47年度11月的销售收入（342）-第46年度11月的销售收入（321）=3902。

3.通过年度总计比较今年与前一年的同比销售收入，不受季节变化影响，准确反映出变化。

通过折线图，能够一眼发现公司的变化

将年度总计制作成折线图，公司的变化便可以一目了然。如图2-1所示，图中线条凹凸不平的地方代表公司出现了异常变化。

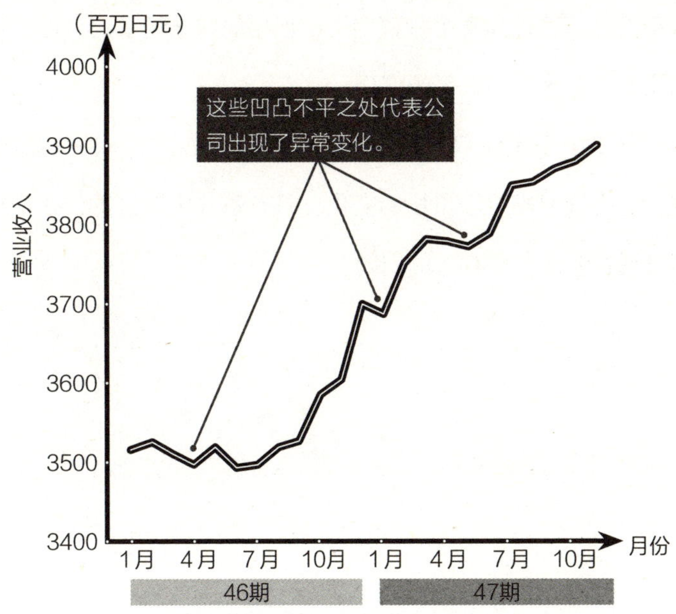

图2-1 折线图比表格更能直观发现年度总计中的异常

因此，不能只在年度结算时才关注营业收入、毛利润和营业利润，必须每个月查看它们的年度总计数据，这样才能及早发现异常，及时解决问题，紧跟时代变化。之所以出现凹凸不平的折线，是因为发生了异常变化。此时一定要找出原因，出现异常是人为造成的，还是由于意外因素导致的？这是安全管理的第一步。

在武藏野的社长办公室中贴有营业收入年度总计表和毛利

润年度总计表，我每个月都会用笔把相关数据记录在上面，这样让我更能感受到数字的变化。

很多中小企业仅在年度结算时才会比较本期和上期的数据，这样做很难跟上市场的变化。只有每月定期检查，才能尽早发现企业经营中存在的问题。

企业经营应该看“额”而不是看“率”

企业的实力由毛利润额来决定

有的公司管理者喜欢用“率”来衡量一切。业绩增长了百分之几、增长率百分之几、贷款利息百分之几……我想说的是，仅以百分数来衡量公司的经营状况是错误的。

我用“额”而不是“率”来管理公司。无论是营业收入、采购额，还是各种费用，企业完全以“额”的形式在运转，因此，我认为应该用“额（毛利润额）”而不是“率”来经营企业。“率”与“额”之间是什么关系？“率”增加了多少、“额”增加了多少？经营者必须根据数据做出判断。

一位刚从替补队员变为正式队员的职业棒球选手，在最后一轮比赛中替补出场，碰巧打出了安打[①]。此时他的战绩是

① 棒球运动中的专有名词，指打击手把投手投出来的球，击出到界内，使打者本身能至少安全上到一垒的情形。——译者注

1打数1安打，打击率为100%。而铃木一朗[①]选手的打击率是35%，但是他一年打出了200个安打。这说明那位替补选手比铃木一朗更厉害吗？很明显，打击率低但是安打数多的铃木一朗更优秀，对于球队的贡献更大。企业经营同样如此。

企业的实力不是由“率（毛利润率）”，而是由“额（毛利润额）”来决定的。无论毛利率多高，如果毛利润额没有增加，企业便很难经营下去。如果毛利润额低于固定成本（例如人工成本等），那么企业便会出现亏损。只有毛利润额高于固定成本，企业才会赢利。

没有现金，企业便无法给员工发放薪水

假设某企业有两种业务，分别是A业务和B业务。A业务的毛利润率为20%，销售额为1亿日元，成本为8000万日元。B业务的毛利润率为5%，销售额为10亿日元，成本为9亿5000万日元。

喜欢用“率”说话的经营者会认为A业务更好，因为A业务的毛利润率较高，而B业务的毛利润率很低，成本却很高

① 日本著名职业棒球选手。——译者注

（投入大，收益小）。但是，我们用“额”来计算一下，会发现这种想法是错误的。

A：业务的利润额为2000万日元。

B：业务的利润额为5000万日元。

如果从“额”的角度考虑，B业务更有利于公司的发展，所以选择B业务才是正确的。无论毛利润率或利润实现率提高多少，如果没有现金（即“额”），那么企业就连员工的薪水都发放不了，所以正确的经营之道不是提高各种“率”，而是确保能够获得较高的“额”。

将人工成本和生产效率相结合

强行降低劳动分配率，可能导致员工劳动强度增大

很多经营者认为劳动分配率较低的企业发展得更好。通俗来说，劳动分配率表示的是企业赚的钱怎样分给员工。它的计算公式是：

劳动分配率=人工成本÷毛利润额（增加值）×100%

根据公式，毛利润为1亿日元，人工成本为5000万日元的企业，它的劳动分配率为50%。

2019年3月日本经济产业省针对37528家企业开展了企业活动基本调查，数据结果显示，主要产业的劳动分配率分别为：制造行业47.8%；批发行业48.6%；零售行业19.3%。

劳动分配率低说明人工成本占毛利润额比例较低。如果一

家企业因为毛利润额太高，所以相比之下人工成本比例显得较低，那么我们可以认为这是一家高产值、高收益的企业。但是如果企业只看重劳动分配率，那么很有可能导致员工劳动强度增大（为员工增加工作量）。劳动分配率低的企业在高效赢利，这种观点并没错，但是劳动分配率过低也会带来各种问题。这种企业往往会在薪水上压榨员工，工作环境可能也很差。

企业要降低劳动分配率，需要想办法提高生产效率

亏损企业的劳动分配率通常较高，最大原因不是人工成本高，而是毛利润额太低。如果不想办法提高工作效率，或者不给员工满意的酬劳，只是简单粗暴地要求他们提高销售额，这种做法只会降低员工的士气。企业经营者应该把人工成本和生产效率（毛利润额）结合起来理解劳动分配率。如果企业通过削减人工成本来降低劳动分配率，那么这样做之后（减少人工或者薪酬），生产效率反而会进一步降低。

想要降低劳动分配率，首先要做的是提高企业生产力（在相同劳动时间内增加毛利润额），方法包括调整产品结构、检查并提高产品价格、投资新设备、向加急订单收取加急费、利用数字设备减少生产损耗等，而不是强行延长员工的劳动时间或降低薪酬。

一锤子买卖无法赢利

销售低价子弹比销售高价步枪生意更稳定

武藏野有两大主营业务。一个是环境卫生业务，这是武藏野的核心业务。1964年东京武藏野清洁公司开始营业，这是武藏野的第一家店。营业范围包括出租清洁工具、提供清扫服务、老年人护理服务等。从2020年起，公司开始提供利用次氯酸水亚净透（获得日本厚生劳动省认证）进行消毒杀菌的业务。

另一个是管理咨询业务，提供集观摩、学习、体验、共享为一体的实践型服务项目。为业绩差、因企业信用低而无法获得融资、人才培养和员工保障方面存在困难的经营者提供咨询。

这两项业务乍一看完全不相关，但实际上从业务结构来说，它们属于同一类型，都是“回头客买卖业务模式”。企业的业务模式大致有两种，一种是“一锤子买卖”，这种模式的企业销售的产品价格高昂；另一种是“回头客买卖”，这种模式的企业以低价产品吸引消费者。

我把“一锤子买卖”比作步枪，把“回头客买卖”比作子弹。步枪价格高，卖掉一杆步枪，销售收入会出现暂时的上涨。但是因为价格昂贵，所以人们不会频繁更换，一般不会再买第二次。在这种业务模式下，要提高企业利润，必须不断招揽新的客户。而销售子弹的话，可以在一定时间内把同一种产品重复卖给消费者，这样一来，企业利润更稳定。购买步枪的人必须要使用子弹，只要他持续使用步枪，肯定会补充子弹，所以虽然子弹价格低廉，但企业也能持续获得利润。

结合新客户和回头客，利润就会增加

要想使业务稳定地经营下去，我们应该把“新客户+回头客”“步枪+子弹”结合到一起。汽车经销商之所以提供车检、保养、维修、保险等售后服务，是因为仅靠销售新车不足以带来稳定的利润（新车销售类比于步枪，售后服务类比于子弹）。

位于福岛县磐城市的Address株式会社从事房地产中介业务，社长高尾升采取了“步枪+子弹”战略，大幅提升了公司业绩，把公司规模做到了当地第一。对该公司来说，“步枪”是房屋买卖或出租中介，“子弹”是租金收入。

中介的工作是把买方与卖方联系到一起，房产中介就是把房主与购买人或租客联系到一起。因为人们不会多次购买住宅，也很少频繁搬家，房产中介的回头客不多。于是，高尾社长想到了以下办法，把“步枪”变成“子弹”。

Address公司的“子弹”业务

- 出租仓库（截至2020年共持有27家仓库）。
- 自有公寓出租业务（购买二手公寓楼，作为店铺或办公室出租出去，截至2021年共持有33栋楼）。

因为单靠“子弹”业务就能保证Address公司不赔本，所以“步枪”部分就是纯利润了，销售数量越多，利润就越高。

利用个人谈话敦促员工关注企业数据

怎样做才能让员工更关注企业数据

一家公司需要经营者和员工同心协力才能把公司经营好，因此，除了经营者之外，员工也应该了解公司的各种数据。如果员工不知道公司（或部门）的盈利状况，他们便很难对自己的工作产生满足感或危机感，对公司自然就没有归属感，因此武藏野会把相关数据公开。无论是资产负债表还是损益表（PL），所有员工都能看得到。但是事实上员工们却几乎不看这些报表。如果公司不给他们看，他们会暗自揣测上司是否故意隐瞒数据；而给他们看，他们反而又不看了。

怎样做才能让员工主动关注公司数据呢？我们公司的做法是为每个职务设置相应的机制，包括共享数据的机制、根据经营数据开展工作的机制等。

- 普通员工：上下级之间的个人谈话。
- 科长：制订损益计划。
- 部门经理：部门经理会议。
- 总负责人：根据绝对评估进行人事考核。

公司盈亏与员工薪酬挂钩

武藏野规定，每月必须进行一次上下级之间的个人谈话。有的公司要求半年一次谈话，每次1小时。但我认为，半年一次的谈话无法准确且实时掌握员工的思想动态。即使每次10分钟也可以，只要每个月能坐下来谈一谈，上司与下属就可以更加了解对方的想法。很多公司在举办座谈会时，往往都是上司在喋喋不休地讲道理，下属只能被迫地接受，因此谈话效果并不理想。在武藏野，我要求上司尽量避免说教，要根据考核表的数据，客观冷静地与员工交流。

下属需要针对考核表中的所有项目进行自我评分，上司也会给下属打分，然后他们互相对照评分结果。因为上司和下属的视角不同，分数自然不一样。例如，下属给自己某个项目打了5分，上司只给了2分。这时，上司会询问下属打分的依据，并且告知下属自己打分的依据。这样做，下属便可以明白自己的差距在哪里，并在以后的工作中改进。

考核表中的数据除了个人业绩目标，还有部门内部的毛利润、营业利润、毛利润同比增减情况、营业利润同比增减情况等。普通员工不仅从这些数据当中可以了解自己的业绩情况，还能了解销售收入差距、利润差距，以及本部门的盈利情况等。因为考核表中的数据直接关系到个人业绩考核，通过个人谈话，员工能够意识到部门盈利情况会影响到自己的薪酬。

看不懂数据是因为觉得事不关己

计划由自己制订，所以更能了解部门情况

武藏野的所有部门都要制订损益计划书。损益计划书内容包括销售收入、销售成本、各种费用等，换句话说，就是未来能获得多少利润。一直到1990年，我都一直在做各部门的损益计划书，不过我们公司的管理层完全不懂我做出来的数字是什么意思。

有一个尴尬的故事。我们公司的一位科长完全不了解这些报表，他甚至不允许在数字中添加小数点，因为加上小数点，“科长”就变成“鹅”了[①]。那时，没有一位科长能说出损益表中五个以上的项目，甚至有的科长把“盘点”理解为“从货

① 日语中“科长”发音中的清音加上“点”，就变成浊音，听起来与“鹅”的发音相同。——译者注

架上把东西取下来”[①]。

不理解这些数据，是因为自己没有做过损益计划书。人们都只对自己做的东西感兴趣。在他们看来，无论是社长还是会计给的数据，都和自己没有关系，自然不会花心思去研究。为了让他们主动关注公司数据，现在我会让各部门负责人（主要是科长）自己制作损益计划书，做法参考图2–2。

总体来说，制订损益计划书时，今年的营业利润不应低于前一年的营业利润，根据年度损益计划进一步制作月度计划时，不能简单地把销售目标除以12，应该考虑到季节性波动，根据实际情况灵活制订。

制订损益计划书的过程就是了解自己部门的过程，可以了解以下内容：“怎样才能赢利”“怎样才能提高自己的薪酬”“实际销售额比计划低百分之多少就会产生赤字”“毛利率增加多少，营业利润会翻倍”“毛利率减少多少会亏损”“产品降价10%会给营业收入带来怎样的影响”。这样一来，制作者会逐渐开始关注公司的各种数据。

① “盘点”在日文中写作“棚卸し”，从字面上看容易被误解为“把东西从货架上取下来”。——译者注

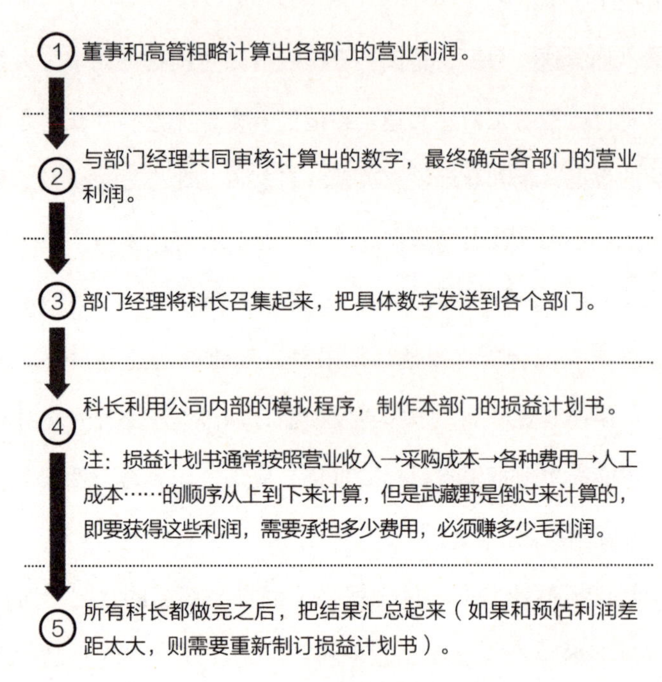

图2-2 损益计划书的制作方法

由负责人亲自调查和公布各部门的管理数据

武藏野有一种经营计划资料，内容是各部门的数据，它将公司员工、资产、资金、信息、时间等都以数字形式体现出来。资料中还包括了月度工作表，记录的是各部门、各分支机构的损益情况和工作业绩。月度工作表设置了销售收入、毛利润、人工成本、各种费用等项目，并且每个项目都分为前一年、当前和目标三项。前一年和目标的内容是已经填写好了的，当前部分是空白，需要部门负责人每月填写（见表2-2）。

因为每个部门的科长都需要在科长会议上公布部门的当前业绩，所以他们要在会议之前调查好本部门的销售收入、毛利润、费用、人工成本等数据，并填入表格中。因为需要亲自在会议上公布，所以这些数据都需要自己来填写（其他部门的负责人会把公布出来的数字填到空白栏中）。尽管有一些软件可以自动录入数据，但是我要求他们一定要手动填写，因为这样做可以督促部门负责人盯紧每项数据。

在武藏野，一个部门只要连续两年出现亏损，部门负责人就会被换掉，这条规则也促使他们不得不重视数字。

表2-2 各部门负责人填写的月度工作表

（百万日元）

项目	金额	类别	5月 当月	5月 总计	6月 当月	6月 总计	7月 当月	7月 总计	8月 当月	8月 总计
销售收入	1952.0	目标	164.0	164.0	166.0	330.0	181.0	511.0	166.0	677.0
		当前	166.0	做得好！						
		前一年	153.6	153.6	141.1	294.7	166.8	461.5	146.8	608.3
毛利润	1192.0	目标	101.0	101.0	101.0	202.0	111.0	313.0	99.0	412.0
		当前	95.5	正常						
		前一年	94.7	94.7	85.5	180.2	104.6	284.8	88.7	373.5

续表

项目	金额	类别	5月		6月		7月		8月	
			当月	总计	当月	总计	当月	总计	当月	总计
人工成本	524.0	目标	44.0	44.0	49.0	93.0	48.0	141.0	44.0	185.0
		当前	44.0	正常						
费用合计	674.0	目标	56.0	56.0	60.0	116.0	61.0	177.0	55.0	232.0
		当前	57.2		异常!					
总部费用	188.0	目标	15.0	15.0	16.0	31.0	18.0	49.0	17.0	66.0
		当前	14.9		正常					
经营利润	330.0	目标	28.2	28.2	22.7	50.9	32.9	83.8	25.9	109.7
		当前	25.5		部门负责人每月填写。					
		前一年	19.8	19.8	8.7	28.5	32.7	61.2	19.7	80.9

注：1.正常：目标>当前>前一年。

2.异常：当前>目标或当前<前一年。

因此，部门负责人需要亲自调查数据，并亲自录入，这样一来，他会逐渐开始关注企业的经营数据。

无法超越过去的业绩，便无法获得较高评价

不同职位有不同的考核标准

武藏野的普通员工、科长、部门经理每半年要进行一次相对考核。相对考核是对同一部门员工进行的考核，并对考核结果进行排序。无论公司业绩好还是坏，都必须对考核结果进行排序。即使该部门的所有员工都拿出了优秀的成绩，也不能全部被评为A，必须在S、A、B、C、D中做出选择，显示出差距。奖金数额、加薪金额、升职等奖励措施都以相对考核为依据。相对考核制度能激发员工的竞争意识，使企业更具活力。总负责人（事业部负责人）不参与相对考核，他们参加的是绝对考核。

绝对考核无须与他人做比较，完全以本人的业绩作为考核标准。绝对考核参考的是自己过去的业绩。总负责人以上的高管，如果无法提高本事业部的业绩，便无法获得好的考核成

绩。当前业绩如果不能超过前一年同期数字（毛利润和营业利润），则不给予A评级。如果业绩数字比前一年差，最高只能得到B评级，甚至有可能得到C或D评级。

公司管理计划中明确规定，总负责人要提交相关数据和半个财年的计划，由董事会酌情定夺。大部分公司都不会将“酌情定夺”写入章程，但是我们公司却这样做了。即使这一财年的数据很好，管理层也不会沾沾自喜，因为这代表下一财年的要求更高了。如果下一年业绩没有超过今年，那么考核结果便会受到影响，考核结果又直接关系到奖金数量，为了保住奖金，员工们必须努力工作。即使不用我说，员工们也都拼命工作，因为他们需要与过去的自己竞争。更重要的是，他们还抱有获得更多奖金的“不纯”动机。

总负责人以上级别只看结果

过程考核（如何处理工作）和业绩考核（毛利润与前一年相比，营业利润与前一年相比）所占比重由职位来决定。对职位较低的员工来说，考核更注重工作过程，而对职位较高的员工来说，考核则更重视业绩。

普通员工考核时，过程考核和业绩考核分别占80%和

20%，企业更在意员工是否努力了。科长考核时，过程考核和业绩考核分别占50%。部门经理考核时，过程考核和业绩考核分别占10%和90%。而到了总负责人，则不考核过程，只考核业绩。也就是说，职位越高，业绩越重要。

部门经理以下的管理者只需考虑怎样提高本部门的销售收入，怎样留住人才就可以了。但是总负责人以上的高管则必须从公司的整体利益出发，要有掌控全局的意识和能力。董事和总负责人的工作就是为公司创造利润，他们要寻找新的业务模式，帮助公司赢利。总负责人和社长一样，数字就是他们的“人格”，一切以结果来说话。

努力的员工与不努力的员工在待遇上要有区别

为什么没有奖金员工也毫无怨言

当我吩咐员工做事时，员工都会说“好的”。但是，没有比“好的”这种回答更不靠谱的了。因为员工所说的“好的”并不意味着“我去做”，而是“我听见了”，听见了不意味着一定要去做。企业经营者怎样才能让员工有动力去工作呢？我的方法是公布人事考核的结果，并且提前制定考核标准，例如，不做这项工作会减少奖金数额；做出这样的业绩，薪酬就会增加；等等。这样一来，员工们虽然不情愿，但是也没有办法，只能努力去做。管理者一定要先发制人。每个人都想拿到更多奖金，所以尽管嫌麻烦，他也会去做。这就是人的普遍心理。

对于努力工作的员工和不努力工作的员工，武藏野会给出不同的待遇。无论他的年龄大小，职位高低，只要做出成果就会给予奖励。反过来，如果不努力，收入就会降低。这就是我们的人事考核制度。

有一年获得奖金最多的人和最少的人之间差了72倍。佐藤义昭常务董事在担任总负责人职务时，前一年只获得了9.6万日元的奖金，第二年一下子增加到410万日元，增长了40多倍。而中岛博记董事前一年获得了224万日元的奖金，第二年暴跌至8300日元，减少到原来的1/270。甚至有人连一分钱奖金也没有获得。曾我公太郎（时任科长）是武藏野第一位“零奖金员工”。他当时业绩差，考核结果不理想，又被扣掉了戒烟补贴（因为抽烟）和安全驾驶补贴（因为开车没系安全带），所以算下来最后只能获得不到10000日元的奖金。他说：“这点钱还不如干脆别给我了。”经过这件事之后，他努力工作，奋起直追，现在已经是总负责人了。

很多中小企业都没有自己的考核体系，没有明确的奖惩规则，全靠社长的好恶来评判，员工很难认同。如果能把公司的数字（业绩）与个人的数字（收入）联系在一起，明确公司业绩与个人收入的关系，那么无论有没有奖励，或者奖励多少，员工都不会丧失工作干劲。

武藏野利用云盘，在云上保管和共享数据，公开员工考核结果，所有员工的收入数额都一目了然。将所有员工的收入公开会带来什么影响呢？“我的奖金居然比那个人低？下次一定要超过他！”“那么差劲的上司居然拿到那么多奖金？我必须要努力当上科长！”这将给员工们带来巨大动力。[①]

① 武藏野的员工在入职时签订了个人信息公开承诺书，员工的基本信息是公开的。根据日本厚生劳动省的规定，只有在必要场合我们才会适当公开员工个人信息。

将公司业绩与员工收入挂钩

设立薪酬机制学习班

公司在管理计划书中明确规定了人事考核规则。员工只要读过这些规则，就会明白怎样做才能获得更多的工资和奖金，怎样做才能升职。尽管规则已经公开了，但是仍然有人对自己的工资和奖金不满意，觉得自己应该得到更多。我认为这些人肯定没有看过人事考核规则。公司设立了规则不代表员工一定会去执行规则。公司制定了规则，员工却不去看，而且不仅不去看，还发牢骚。这就是我们公司的一些员工的表现。现在武藏野要求所有员工必须参加薪酬机制学习班，目的就是向员工普及人事考核规则。

是否参加学习班也是人事考核的项目之一，考核标准是每个人必须参加三次，不参加就会被扣除奖金。这样一来，员工都会来参加学习班。之所以必须参加三次，是因为只参加一次无法彻底理解考核机制的内容。

刚开始学习时，员工们几乎完全听不懂。但是在经历了个人谈话、自我评估、收到奖金后，当他们再次进入学习班之时，他们就可以理解公司的考核机制究竟是怎样运行的，以及自己薪酬数额的制定依据。

学习班教员工如何计算十年后自己的薪资收入，还有如何计算这十年间考核获得"全A"评级与"全C"评级反映在工资收入上的差异。通过计算，他们得知"全A"评级与"全C"评级的员工工资收入相差1.5倍，总计超过1000万日元。

员工们都想轻轻松松地获得高薪酬，但是参加学习班，学习了工资体系之后，他们了解到"考核要获得全A评级，必须提高业绩""没有哪家公司能轻松拿到高薪""公司业绩与员工收入是挂钩的"。

此外，在奖金考核谈话中，上司会帮助员工计算当考核评级为A时能拿到多少奖金。

盈亏平衡型员工、亏损型员工和盈利型员工

武藏野的很多员工都觉得自己薪水不高，他们认为自己已经非常努力工作了，理应拿到更高的薪水。但是我想说的是，

“努力”只是一个主观词语，武藏野会把员工的努力程度以数字的形式表现出来。数字是不会说谎的，数字会告诉我们他是真的努力了，还是只是口头说说而已。

如图2-3所示，假设A员工每月工资30万日元，一年一共12个月，企业聘用该员工每年需要支出至少360万日元的人工

A员工月工资=30万日元

→一年的人工成本＝360万日元（30万日元×12个月）

与A员工一年为公司赚取的毛利润作比较

A员工一年为公司赚取的毛利润

- 360万日元：盈亏平衡型员工
- 小于360万日元：亏损型员工
- 大于360万日元：盈利型员工

如果每年奖金数额相当于6个月工资（180万日元）

A员工一年为公司赚取的毛利润

- 540万日元：盈亏平衡型员工
- 小于540万日元：亏损型员工
- 大于540万日元：盈利型员工

图2-3 盈亏平衡型员工、亏损型员工和盈利型员工

成本（30万日元×12个月=360万日元）。如果A员工每年能为企业赚取360万日元的毛利润，利润和人工成本相等，对企业来说，A员工属于盈亏平衡型员工。如果某员工为企业赚取的毛利润不足360万日元，那么他属于亏损型员工。如果为企业赚取的毛利润超过360万日元，那么他属于盈利型员工。要注意的是，这360万日元中并不包括奖金，假如奖金相当于他6个月的工资，那么衡量标准就要提高到540万日元。也就是说，A员工如果正好为公司赚取了540万日元，他就是盈亏平衡型员工；不足540万日元，就是亏损型员工；超过540万日元，就是盈利型员工。

因此，通过人工成本与毛利润的数据关系，员工能够清楚地了解自己每个月必须为企业赚取多少利润，这将使他的工作态度更加积极。

了解了人工成本与毛利润之间的关系后，员工便需要思考要为公司赚取360万日元利润，每个月必须谈成几单生意，以及谈成一单生意，自己需要做什么。为了充分发挥员工的积极性，公司要通过数据让员工知道，不为公司赚钱是谈不上努力工作的。让员工参加薪酬机制学习班也是出于同一目的。

即使是亏损型员工，也不要冷眼相待

任何一家公司中都会有亏损型员工。很多管理者将这样的员工视为公司的负担，或者强制要求他们认真工作，甚至要求他们辞职。但是我却很珍视他们，理由有三个。

第一，亏损型员工使公司更有凝聚力。以对公司没有贡献为由裁掉他们，会使盈亏平衡型员工和盈利型员工自动降级，进而打击这部分员工的积极性。

第二，亏损型员工也会觉醒。当他们遇到结婚生子、孩子升学、买房子等人生大事时，会发现工作的重要性，将更认真地对待工作。

第三，亏损型员工会成为其他员工的踏板。有亏损型员工的部门，其他非亏损型员工只要稍微努力考核就可以获得A评级，更早获得晋升机会。当员工们意识到这一点时，他们都会努力工作。对于扮演踏板角色的员工来说，他们发现比自己还差的员工已经当上科长时，会大受刺激，更加勤奋工作。我们公司已经有三位这样的员工升任科长了，不过其中两个人还是不够努力，成了亏损型科长。

培训员工会为企业带来收益

不舍得在员工培训上投入的公司没有发展前途

对中小企业来说，人才的培养对公司发展至关重要。员工的成长与公司的业绩呈正比关系。武藏野的员工并不全是精英大学的毕业生，拥有优秀学历的人才很少。尽管如此，我们公司却在不断赢利，原因就在于我们投入了大量时间和金钱用于员工的教育培训，将没有学历优势的员工打造成了能战斗的员工。

武藏野舍得在员工教育中投资，2019年投入在员工研修上的费用高达1亿日元。2020年尽管受到新冠肺炎疫情影响，公司仍然投资3500万日元用于员工培训。合作银行劝我们将教育研修费减半，这样公司可以获得更多利润，但是我的想法刚好相反。我认为正是因为在员工培训中的投资，所以公司才能赚取更多利润。公司要发展壮大，一定不能在员工的培训费上省钱。

员工培训可以帮助企业节税

员工培训费本来应被列入资产负债表中的“无形固定资产”。无形固定资产指的是长期持有或使用的没有实物形态的资产。但是，因为没有具体标准，所以我们将员工培训费全额纳入当年亏损或企业费用中。从这个角度来说，盈利企业开展员工培训是一种节税手段。

对于中小企业来说，员工培训费是一笔不小的开销。但是我们提供咨询服务的客户企业中，没有一家是因为在员工培训上投入资金而导致破产的。

员工成长了，会给企业带来更好的业绩。企业的实力取决于员工培训取得的效果。在员工培训的教科书方面，我们公司使用的是《经营管理计划书》和《企业精英的心得（第三版）》；实践培训方面，我们主要做的是“环境整理”和“具体业务实践”培训。

在培训新人时，我们给他们制定的标准比较宽松，只要有进步，就不吝啬表扬和肯定。同样的培训内容要重复开展多次，比起质，我们更重视量。另外，让新人们学习并模仿好的经验也非常重要。员工培训不仅只有知识经验的输入，还要使他们学会输出，以敦促他们更认真地学习。

员工辞职对公司来说并不是损失

投入资金做员工培训，结果员工辞职了，有的管理者认为这对公司来说是一大损失。他们之所以这样想，是因为没有见过公司的经营数据。看了数据他们就会知道，员工辞职非但不是损失，对公司来说甚至是有利的。之所以这样说，有两点理由。

第一，能够压缩人工成本。薪酬和职位较高的员工辞职后，企业会引进新员工，新员工薪酬较低，这样企业便节省了人工成本。

第二，能够引进水平更高的新员工。每年引进的新员工的能力都在提高。最近几年的新员工从学生时代就开始使用智能手机、平板电脑和计算机，因此入职时就已经具备了一定的信息技术技能。

假设管理者A于十年前入职，他入职时公司发展到2级水平，等到公司发展到4级时他辞职了。此时A的能力和公司一样，都是4级。之后，取代A进入公司的新员工B的能力是多少呢？答案是3级。因为武藏野的用人原则是需要达到中等水平，无须太高，也不能太低，2级能力的新人是进不了4级公司的。这样一来，公司以低于A员工的薪酬引进了一位得力干将B。A成长到4级水平花费了10年，但是B只需要接受一年的员工培训，就能胜任A的工作。

第3章

用数据掌握企业现金流

管理者需要参考资产负债表

销售收入增长与资金充足是两码事

很多中小企业管理者都认为只要销售收入增长，企业的日子就会好过。然而事实并非如此，武藏野以前也曾有过虽然销售收入增长，但是企业却陷入经营困难的境地。

1993年，武藏野成立了销售照明设备的照明事业部。成立之后，公司的销售收入和利润连续五年持续增长，但是我却决定退出该业务。原因之一是应收账款（未收款）不断增加，导致资金回笼缓慢。

产品卖出去了，也有利润，但是总不见资金到账。资金不到账，使企业周转变得困难。到后来，照明事业部的应收账款甚至超过了整个公司的利润。为了避免公司亏损倒闭，我决定退出这项业务，这是因为我看过资产负债表中的数据。如果只看损益表，就会做出“销售收入在增长，利润在增加，企业经营良好”的错误判断，最终很可能会破产倒闭。

损益表的英语是Profit and Loss statement，它是对一年经营业绩的总结，是告诉你盈利多少或亏损多少的财务报表。从中我们可以查看销售收入、毛利润、营业利润、利润总额和净利润等数据。销售收入多少，经营成本多少，最终盈利（或亏损）多少都反映在损益表中。

资产负债表的英语是Balance Sheet，它是反映企业财务状况的表格。它反映了企业有多少资本存量、留存收益和负债，以及这些资金的运用情况（资产）。如图3-1的资产负债表所示，右侧的金额（所有者权益+负债）与左侧的金额（资产）相等，便可达到平衡。

由图3-1可以看出，损益表主要反映企业某一时期的盈亏状况，看企业的收支情况；资产负债表主要反映企业某一时期的财产状况，看企业资金的运作情况。

损益表是理论数字，资产负债表是现实数字

我认为损益表中的数字只不过是一种理论上的数字，因为盈利并不代表企业有现金。

用50日元进货，然后以100日元卖出，这样就能获得50日

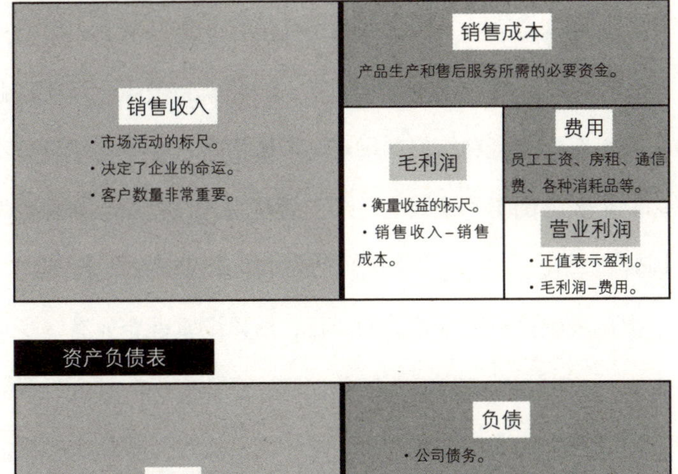

图3-1 损益表与资产负债表

元利润。但是，如果其中50日元是应收账款，对方还没有支付，那么对企业来说，产品虽然卖出去了，但是却没有现金入账。没有现金，便无法支付员工薪酬，无法支付货款，也无法向银行还贷，所以所谓的盈利只是理论上的。

而资产负债表中的数据都是现实数据。此处的“现实”

意味着“现金”。现金对企业来说至关重要。一个企业由现金而始，也由现金而终。当人体中的血液停止循环时，人就会死亡。企业也是一样，现金无法周转，企业就会倒闭。即使损益表上显示企业在赢利，但如果现金周转困难，企业仍然经营不下去。企业的倒闭不是因为亏损，而是因为没有现金或现金无法周转。

损益表中没有现金相关的项目，所以要掌握企业有多少可自由支配的现金，必须看资产负债表。企业有没有现金，只要看一下资产负债表中“资产”一栏“流动资产”项目中的第一项“货币资金”就非常清楚了。如果这部分资金雄厚，企业就不会倒闭。此外，包括其他资产在内，企业资产的流动性如果较高，说明企业经营顺利，不容易倒闭。资产流动性是企业提现能力的标尺。

销售收入增长，这部分体现为应收账款还是现金？采购货物的时候，是使用现金还是以应付账款的形式来支付？

企业中的人和物都在不断流动，与此同时现金也在流动。企业经营者如果能够准确掌握资金的流动情况，那么即使出现了亏损，也能想办法避免企业倒闭。对企业来说，尽早回笼资金比提高销售收入更重要。很多中小企业在支付方式上都采用先支付材料费、外包费进行生产，再回收货款的形式，这样做会使资金周转变慢。无论产品销量多好，销售收入多高，如果没有现金，公司仍然会倒闭，所以企业必须做到“早进货、早生产、早销售、早收款”，使产品迅速周转起来，尽早把固定成本赚回来。

员工工作情况体现在损益表中，而支付工资却要看资产负债表

我们不能把企业日常盈亏计算与现实的资金管理放在一起讨论。损益表帮助我们准确计算员工和管理者共同努力的结果（销售收入、利润等）；资产负债表反映的是资金的运作情况（如何筹集、如何使用等）。

员工工作情况看损益表，给员工支付工资则看资产负债表。损益表与员工密切相关，而资产负债表则与银行紧密相连。这样想就好理解了。

改变记账方式

只看损益表中的数据无法改善经营状况

很多中小企业经营者几乎不看财务报表。迄今为止，我已经为750多家公司提供过管理咨询服务。据我所知，只有3%的经营者认真看过资产负债表，剩下97%的经营者几乎都把财务报表直接交给财务部门负责。

在刚开始经营公司时，我也不曾仔细看财务报表。尽管也买过一些解读财务报表的商业类图书，但是只看了10分钟我就昏昏欲睡。有很多经营者像以前的我那样，在年度结算时只看损益表上的数据，看到公司有盈利就放心了。但是他们不知道的是，除非这家公司能提前收回应收账款，或者毛利率达到100%，否则销售收入越增长，资金周转就会越困难。因为对他们来说，支出在先，收款在后。

我在1977年创办了一家名为贝瑞的租赁公司。公司销售收入和利润每年都在增长，但是公司资金总是不充裕。我们来看以下公式：

销售额100日元−采购50日元−各种成本40日元=利润10日元

从以上公式可以看出，我应该赚了10日元利润，但是我手里却没有钱。原因在于采购时我当场结清了账款，而100日元的销售收入却还没有收回来，成了应收账款（客户1个月之后付款）。当时的我对各种数据并不敏感，没有意识到收支平衡被暂时打乱了。损益表不会告诉我们怎样管理好公司，它显示的是过去的结果。即使我们看到损益表中的销售收入、采购费用、工资等数据，也不会了解公司现在有多少现金，怎样做才能改善公司的财务状况。

公司的现状都反映在资产负债表中。在企业管理中，最重要的就是现金（现金等价物）。即使损益表中出现了赤字，只要企业有现金，那么它就能继续经营下去。

资产部分要增加靠前项目的金额，负债部分要增加靠后项目的金额

让我们再来看图3-1，资产负债表右侧的“负债和所有者

权益”栏里，依次设有应付票据、应付账款、未付费用等财务项目，反映的是在哪些地方使用了多少资金。这些财务项目按照“筹集资金较为容易，需要在短期内还款”的顺序依次排列。也就是说，排位靠前的项目比排位靠后的项目更容易筹集到资金，并且需要在更短时间内还款。

资产负债表左侧的“资产”一栏，设有货币资金、应收票据、应收账款、存货等财务项目，反映的是“公司资金变成了哪些资产”。这些财务项目按照短期内可变现的难易程度，由易到难依次排列。

企业有多少现金，有多少存款，持有或租用了多少土地？即使融资金额和资产数额相同，只要改变一下记账方法，银行对公司的财务评估（评级）就会发生变化。想提高银行评级，需要做到以下两点：在资产部分，增加靠前项目的金额；在负债部分，增加靠后项目的金额。

在资产部分，与固定资产（土地、建筑物等）相比，流动资产（应收票据、定期存款、现金等）越多，银行给予的评级就越高。因为容易变现的项目越多，就越容易收回贷款。所以，我们可以通过各种方式增加靠前项目的金额，例如，多增加流动资产而不是固定资产；增加存货，这样售出后销售收入就会增加；尽量用现金回款，而不是做成应收账款；增加定期存款时，需与普通存款保持一定的比例。

在负债部分，靠后项目较难筹措资金，这样的项目金额越大，银行的评级就越高。如果长期债务高于应付票据或应付账款，就说明企业有很好的信誉。增加靠后项目金额的方法包括：增加应付账款，而不是应付票据；增加长期借款，而不是短期借款等。最终目的是增加那些可创造利润的负债资本（留存利益）。

资产部分增加靠前项目的金额，负债部分增加靠后项目的金额，一步一步为公司的经营打下坚实的基础，使公司的财务状况坚如磐石。 但是要优化资产负债表（银行评级8级以下），至少需要5年。因此要做好长远规划，稳扎稳打，不断推动事业向前发展（见图3–2）。

更改记账方式可以改善公司信誉，提高银行信用评级，从而打造出一家财务基础非常牢固的公司。

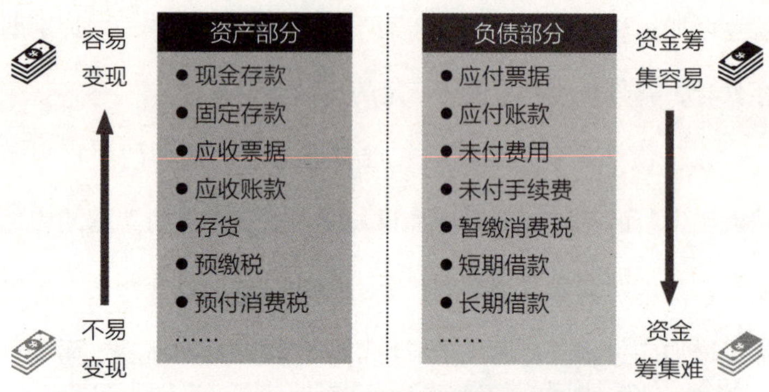

图3-2 更改记账方式，提高银行评级

公司持有的土地应该卖给经营者创立的个人企业[①]

是自建办公楼还是租赁办公楼

有些中小企业的经营者倾向于购买土地，自建办公楼。他们认为，比起租赁他人的东西，自己持有土地更划算。有这样的想法是因为他们对资产负债表不了解。事实上，一旦企业建起了自己的办公楼，就会发现账上的现金所剩无几。

在财务报表中，租金可计入企业费用。但是如果购买土地并建造办公楼，它将计入资产项目而不是费用项目中。企业需要拿出利润来抵偿这部分资产投资。如果将企业自有土地或建筑物计入资产负债表中的资产一栏，那么会产生两种结果：购

① 也称业主制企业，其产权特点是由一个自然人投资，财产为投资个人所有，投资人以其个人财产对企业债务承担无限责任的经营实体。——编者注

买土地和建筑物的借款增加或现金存款减少。土地属于不可折旧资产（价值不随时间而减少的资产），而且它作为固定资产还要缴税。建筑物需要很久才能转化为折旧和费用。但是租赁办公楼就不一样了，企业可以用租金来抵消利润，因此缴的税要比自有建筑物更少。

以利润5000万日元的公司为例，比较自建办公楼与租赁办公楼哪一种更合算就非常清楚了，如下所示：

假设A公司租赁办公楼，每年租金为1000万日元。B公司自建办公楼，每年需要还贷1000万日元。缴税比例为50%，预缴税比例为25%。

A公司（租赁办公楼）：

利润总额：4000万日元 (利润5000万日元，以费用的形式减去租金1000万日元，租金可计入费用)。

税款（50%）：2000万日元。

预缴税（25%）：1000万日元。

最终剩余资金为1000万日元。

计算公式为4000万日元－（2000万日元+1000万日元）=1000万日元。

B公司（自建办公楼）：

利润总额：5000万日元。

税款（50%）：2500万日元。

预缴税（25%）：1250万日元。

剩余现金：1250万日元。

年还贷款：1000万日元（该贷款从利润中支出）。

最终剩余资金为250万日元。

计算公式为1250万日元−1000万日元=250万日元。

由此可见，即使两公司利润相同，租赁办公楼的公司会剩余1000万日元，而自建办公楼的公司仅剩250万日元。相比之下，租赁办公楼的A公司剩下的资金更多。自建办公楼的B公司如果想要结余1000万日元，单从数字上计算的话，需要创造8000万日元的利润总额。

公司持有土地应该卖给经营者创立的个人企业

如果公司持有土地或建筑物，应该尽快把它们卖掉，而且最好卖给经营者的个人企业。公司经营者先注册一家个人企业，再将土地或建筑物卖给这家个人企业。这样一来，土地或建筑物就变成了经营者个人所有，公司只要向这家个人企业支付租金就可以了。原本作为固定资产的土地和建筑物，现在就转变成费用了。

土地和建筑物出售给个人企业后，从表面上看，之前的贷款也一并转移到经营者的个人企业，公司仍然要偿付贷款，似乎一切都没有改变。但是如果公司把卖地的钱用来偿还买地的贷款，那么资产负债表中的资产和借款就会减少，公司的财务状况会有所改善，银行评级也会提高，更容易筹集到资金。

这样一来，不仅经营者个人资产有所增加，而且可以通过提高房租来抵减公司利润，提高个人企业的抗风险能力。通过这种做法，个人企业的担保能力得到提高，能够为主业公司提供更安全的融资保障。

在制造业领域，工厂和机器设备属于必不可少的资产，但是办公楼对企业来说并非不可或缺，因为建筑物本身并不能创造利润。

减少总资产，增加现金

如何将资产转变为费用

在财务记账时，往往将使用寿命在一年以上且采购金额超过10万日元的物品当作固定资产处理。10万日元的门槛指的是每件（每套）的价格。例如武藏野为所有员工配备的 iPad（847台）。如果一台iPad的采购价为105000日元，超出了10万日元固定资产的界定门槛，就要作为固定资产进行报账。我通过以下方法将它从“资产”转变为“费用”。

先让销售商给我打折，将采购价格从每台105000日元调至98500日元。调整后，对销售商来说每台iPad会出现6500日元（847台合计5505500日元）的差额亏损。针对亏损，我提议通过培训费的形式支付差额，让销售商举办几次iPad使用培训班，以培训费的形式支付5505500日元（按照每人6500日元计算）。或者采购新的iPad时，将正在使用的旧iPad卖给员工，这时我们需要恢复旧iPad的出厂设置。我们可以请iPad销售商开展线上指导，并为每台iPad支付6500日元恢复出厂设置费用。这样做，虽然销售商在产品上给我们打了折，但是我们又通过培训费或恢复出厂设置费用的形式返还给他们，因此他们并没有亏本。而我们公司就可以将iPad采购费、培训费和恢复出厂设置费用都计入“费用”栏中。

机器设备要及时更新的四大理由

举个例子，3年前我投资5000万日元购买了一台A型机器。当时打算一直用满5 年，但今年有款性能更好的B型机器上市了，价格同样是5000万日元。B型机器的性能要比A型机器的性能好一倍。那么要不要把A型机器换成B型机器呢？如果有经营者认为A型机器还可以使用，把它扔掉是一种浪费，不去更新机器设备，那说明他不懂数字。我认为应该购买新机器，理由有以下4点。

（1）使用B型机器创造的毛利润高于A型机器

B型机器的性能比A型机器的性能好一倍，使用它之后生产效率会大幅提高。生产效率提高了，毛利润就会增加，新机器的采购成本很快就能收回来。

（2）增加的毛利润可以部分回馈给员工

毛利润增加了，企业便可以提高员工的工资和奖金。

（3）在财务记账时，A型机器的开支可以“固定资产清理费用”的名目计入“费用”栏中

计入固定资产清理费用后，企业利润总额就会降低，缴税金额就会变少（因为资产变成了费用）。固定资产清理费用是报废固定资产时发生损失的记账项目。

（4）生产率提高后，可以降低劳动力成本

尤其在制造行业，企业应尽量使用最新的设备。需要注意的是，在企业转亏为盈后的第二年，或者利润突增的第二年除外。因为届时税额和预缴税额较大，此时在设备投资方面还需谨慎一些。

我一直在思考如何将资产变成费用，武藏野尽量压缩固定资产规模，无论公司大楼还是其他物件，大都是租赁的。不持有没用的资产，压缩减少总资产，增加手头的现金，这才是稳妥的经营之道。

增加销售收入，不要增加应收账款和库存

不良库存不是资产，而是“死”产

有的经营者担心产品会卖断货，所以会提前准备很多库存，而且库存种类很多，他们认为这样就可以满足客户的不同需求，其实这种想法是错误的。

销路好的商品和符合客户要求的商品因为好销售，所以不会形成库存。堆放在仓库的库存大多是销路不好，卖不掉的商品。因此，进货时应该采购好卖的，而不应该采购不好卖的。不管它有多便宜，只要不好卖，都不应该采购。

企业需要严格管理、核实和盘点库存，要时刻牢记不要增加库存。如果1年内没有卖掉，就应该把它扔掉或者降价卖掉。1年内卖不掉的东西，以后大概率也不会卖得掉。

在资产负债表中，库存属于资产，但实际上仓库里沾满灰尘的商品却是“死”产。如果把不好卖的商品无限期地存放在

仓库里，那就没有足够的空间来储存那些好卖的商品。于是，不会经营的公司便以“仓库不够用了”为理由，再去租赁新的仓库。这样一来，不但固定成本增加了，卖不出去的商品也会越积越多。

如果想采购更多销路好的商品，不是去租新仓库，而是尽快处理那些不好卖的商品。不良库存越积越多，数以亿计的资金就不得不在仓库里“冬眠”。不管仓库里有多少库存，都对销售收入没有一分钱的帮助。重要的不是持有库存，而是卖掉库存。

一年以上的库存商品，在征得主管税务局同意后，可以为它标注剩余价值（例如每米10日元，每瓶10日元等）。所谓的剩余价值是指因超过使用寿命或失去市场价值导致失去实际经济价值的资产，为了在税务操作上不遗漏该资产，通常以1日元或10日元等面值记账。增加剩余价值后，资产会被压缩，现金流得以改善，负债减少。

减少应收账款和增加预付款的意义

一般来说，应收账款随着销售收入的增加而增加。应收账款增加会导致现金流受到影响。为了解决这个问题，武藏野正在努力推行一种将应收账款转变为预收账款的做法。

预收账款是财务报表中的负债部分，是商品或服务提供完成前所收取款项的财务项目。以前武藏野的经营支援业务采用后付费的形式，这样一来，如果财务在会员企业申请参加研讨会时记账，会费虽然并没有入账，但在账目上却形成了利润，必须要缴税。为了解决这个问题，现在我们更改了收费方式，以预付款的形式收取该费用。另外，在采购物资时，我们采用临时采买的形式（不持有多余的库存，按需采购），现金流得到了进一步改善。

如果一年内无法收回应收账款，应将其列为坏账损失。坏账损失是在债务无法收回时进行的损失处理。计入坏账损失后，无需其他费用即可抵减利润，节省税款。

如果应付票据到期无力偿还也可能破产

票据抵押贷款只要在票据单上填写数字、盖章，就能变成钱，因此在筹集资金时非常方便，但是它的缺点是耗费时间较长。票据是一种承诺，具体来说就是“请用这张纸（票据）换成现金给我。到期时我会还钱给你”的承诺。

企业即使亏损也不会破产，但是如果应付票据到期无力偿还，即使现在是盈利状态，也有可能破产。换句话说，企业使用应付票据结算有倒闭的风险。企业发出应付票据后，经营者就会忙于资金周转，无法专注于业务。因此如需缓解资金压力，应该申请银行长期贷款，而不是发行应付票据。

我在33岁时经营了一家名为贝瑞的公司，从事租赁业务。当时应付票据让我焦头烂额，我不得不忙于资金周转，终于有一天公司支撑不下去了，眼看就要破产。那天的经历我永远无法忘记，那天是7月30日。当时的我绝望至极，心想“反正明天就要破产了，今天喝个烂醉吧”，于是去了六本木的一家酒吧。但是，后来我又想“还没到山穷水尽的程度，不能放弃”。于是第二天早上，我出门后做的第一件事就是去银行，想尽办法从银行贷了款，解了燃眉之急。这次危机对我来说堪称九死一生。

对一个人来说，生命和金钱都很重要。然而许多经营者在金钱方面却束手无策。公司为什么会破产？严格来说是因为经营者不懂得经营，以及他们不重视数字。当想到“只能撑1天”时，我就会自暴自弃。但是当我换个角度，想到“还能撑1天”“还能撑×小时”“还能撑×分钟”时，就会积极去面对，坚持下去可能会得到意想不到的结果。

请经营者们务必秉持“不能放弃”的信念，去努力改变自己的公司。

借款是防止公司被压垮的一道保险

不借钱反而是坏事

我还在经营贝瑞公司时，为了发展公司业务，曾向银行借款1亿日元。父母得知此事后很担心，借如此大一笔钱，到时候还不上怎么办。在他们的观念里，借钱是错误的，应该自己慢慢攒钱，而不是借钱。的确，作为个人来讲，不借钱是对的。但是公司不一样，在有资金需求的时候，公司应该通过借款的方式满足需求。借钱不是坏事，不借钱反而才是坏事。明明通过银行贷款可以挽救公司，经营者却踌躇不前，最终导致公司破产，这才是错误的。在我看来，真正的罪恶不是借钱，而是让公司破产。

为了挽救公司而借钱是对的。经营者的职责是打造一家永远不会倒闭的强大公司。赚钱当然也很重要，但是我认为更重要的是保证它不会倒闭。即使受到日本“3·11”地震、雷曼兄弟公司破产带来的危机、新冠肺炎疫情的冲击，公司也必须保证员工的就业，绝不能让员工和家人失去谋生的手段。这就是经营者的责任和义务。

从《日本税法》来看，如果不向银行贷款，公司就无法发展。即使像武藏野这样盈利的公司也不例外。假设A公司的利润总额为1000万日元。粗略计算下来，需要缴纳340万日元税金，170万日元预缴税金。虽然还剩下490 万日元，但是大部分都是库存价值和应收账款，而且债务也马上就要到期偿还了。这意味着即使销售收入和利润增加，企业的资金周转也很困难。如果不从银行借钱，公司就不能进行设备投资、广告宣传和招兵买马。

还款后要立即申请同额贷款

人们通常认为自有资本越充足，公司就越安全，但我却不这样想。我认为，自有资金比例低一些并不要紧，企业关键要提高流动性比例，这样才能更安全。

自有资金比例指的是企业运营资金中自有资金（无须偿还）所占的比率。流动性比例指的是流动资产（可以在短期内变现的资产，例如现金存款和应收票据等）对流动负债（应在一年内偿还的负债，例如应付票据和短期债务等）的比率。一般来说，比例越高，说明企业的短期变现能力越强，短期内资金周转的空间就越大。偿还了借款之后，尽管自有资金比例会上升，但是现金减少了，企业应对风险的能力会相应降低。

经营者的目标应该是实质性的无贷款经营，而不是字面意义上的“无贷款经营”。如果企业持有的现金和普通存款多于银行贷款，很多经营者都想尽快把借款全部偿还。然而这样做会增加经营风险。正确的做法是在偿还贷款之后马上申请同额贷款，因为企业需要始终持有一定规模的现金。假设企业从银行贷款1亿日元，后来偿还了1000万日元，这时经营者不要因为需偿还的数额减少而放下心来，应该再次申请1000万日元的贷款，使手头一直保持1亿日元现金。

前文我们介绍了鹤见制纸株式会社，该公司长期贷款102亿日元，现金和存款有75亿日元。他们采取的也是持有大量现金的经营方法。

根据客户反馈为产品定价

按照成本加成定价法进行定价的企业无法盈利

许多企业都通过成本加成定价法给产品定价，谋求利润。成本加成定价法是按产品单位成本加上一定比例的利润制定产品价格的方法。换句话说，就是产品采购价（采购成本）乘一定比率来确定产品的销售价格。例如，某产品的采购价格为100日元，加成30%之后，将以130日元的销售价格售出。成本加成定价法的优点包括：保证了产品售价高于成本价，使企业有安全感；根据成本定价，简单方便，等等。但是武藏野却没有按照这种方式定价。因为成本加成定价法没有考虑到客户的反应及他们的需求变化，无法保证最后的定价能被客户接受，以及无法确保最终能够形成销售收入。

企业应该怎样定价呢？我认为应该用客户满意度来定价。

企业无法盈利，原因之一是他们在定价时忽视了客户对产品的满意度。武藏野之所以取得了骄人业绩，是因为我们根据客户的反馈来决定产品阵容和价格。产品价格随着客户满意度的提高而提高。而要提高客户满意度，就要增加产品附加值。

锦水馆是一家位于宫岛附近的老字号温泉旅馆，以前住宿客人的晚餐费用一律为每人10000日元。但是新冠肺炎疫情暴发后，为了提高来店顾客的满意度，该旅馆调整了经营战略。他们为晚餐制定了数个不同价位的套餐，价格分别为：松套餐16000日元，竹套餐13500日元，梅套餐10000日元。之后他们收到的反馈是，最受欢迎的是竹套餐，支持率为75%，其次是松套餐，支持率为15%，最后是梅套餐，支持率仅为10%。由此我们可以看出产品价格与客户满意度之间的关系。

为什么单日费用高达50万日元的研修活动受人追捧

我主持了一个名为“高级研修”的项目，主要内容是跟着我在现场学习如何经营管理一家企业，包括经营理念和经营方式。研修费用并不便宜，每天需要50万日元。如此高的定价并非源自我的逐利心态，而是我的客户（管理支援合作伙伴成员）要求我为他们提供价值50万日元的服务。

这个项目推出后受到了客户的欢迎，在项目上架1小时内就售罄。高级研修项目的学费之所以这么高，是因为客户的满意度高。客户满意度高是因为该项目提供了以下附加值：

- 与单日36万日元的普通研修活动相比，高级研修项目能与我一对一对话的机会更多。
- 可以跟在我身边随时随地学习。
- 可以在工作现场切身体验事务的处理方式。
- 可以沉浸式吸收和学习我的经营理念。
- 学到的东西可以帮助企业改变现状。
- 使用武藏野自己的心理思维测试（Emergenetics）来指导公司改革。
- 可参加武藏野的经营计划书公开修订研讨会。
- 可参加高级心理思维测试研讨会。

由此看来，价格再低，没有附加值的产品也卖不出去。相反，价格再高，高附加值的产品也能卖得出去。产品好不好卖很大程度上取决于它附加值有多少。

第4章

将数字落实到经营计划书中

不基于数据分析的经营决策无助于提高业绩

不出成绩是因为行动没有计划

要保证企业能够可持续发展，经营者需要根据数字来制定业绩目标，例如本期收益目标为多少金额、五年后收益目标为多少金额等。目标数字一旦确定，企业经营者就会明白应该做什么，不能做什么，已经做了什么，还有哪些没有做。如果经营者没有明确告知员工目标数字（收益）是多少，要做些什么工作，创造多少收益能拿到多少奖金，那么，员工的工作便没有计划性，自然很难做出成绩。

自己的队伍得了多少分？是0比0战成平手，所以要抢占先机？是1比0领先，所以要加紧拉开差距？还是0比1落后，所以要奋力逆转？不知道比分，员工当然会懈怠。当前的销售收入为100，如果明年的销售收入目标也是100的话，那么可以继续沿用当前的措施和机制。如果明年的销售收入目标为150的话，就要增加人员和设备。如果明年的销售收入目标为50的话，就要减少一半的人员和设备。如果明年的销售收入目标为0的话，就要终止该业务。确立数字目标后就能采取具体的行动。

公司要赢利，最重要的是要根据客户的变化采取相应的措施，因此必须通过数字来分析公司现状，确定未来的数字目标。没有方向一味蛮干很难赢利。要想赢利，第一步就要确定数字目标。目标一旦确定，我们就会明白应该做什么，不应该做什么。制订计划（利润目标等数字）并努力采取行动达成目标，自然能做出业绩。

对比计划和业绩，查看两者的差距，找到业绩高于或低于计划（利润目标）的原因，这样就能明白下一步应该采取怎样的改进措施。改进措施就是为了填补这一差距。我们要找到差距产生的原因，思考改进的方法，然后制订一个新计划，并执行该计划。

假如我们的销售目标是销售梨100个，苹果50个，实际上苹果卖了80个，梨仅卖了30个。

- 梨目标100－30＝70（70个未售出）。

- 苹果目标50−80=△30（多卖30个）。

梨卖得不好是因为顾客不想买（需求少），而苹果卖得好是因为顾客想买（需求高）。所以改进措施就是通过促销让苹果卖得更多。该决策的制定依据是梨和苹果的销售数据，若非如此便无法提高业绩。

制订经营计划书将利润目标转化成数字

在经营计划书中明确规定本年度的经营目标

武藏野将目标数字、行动方针和达标日期都汇总到了一个小册子中，这个手册就是经营计划书。换句话说，经营计划书是将目标数字、行动方针和日程计划汇总而成的企业规则手册。

经营计划书是在员工中宣传公司经营方针和价值观的重要工具，武藏野为每位员工发放了经营计划书。为了方便随身携带，随时翻阅，我们把它做成了B6尺寸，和普通手账①大小一样［详见拙著《请将经营计划做成手账（新版）》角川书店出版］。经营计划书中用数字的形式明确提出了本年度经营目标和未来五年的经营目标，主要包括以下几个项目。

① 在日本，大部分人都会随身携带一个被称为“手账”的笔记本，随时随地拿出来翻看和记录。——编者注

（1）本年度经营目标（利润目标）

销售收入、毛利润、人工费、费用、促销费用、折旧费用、营业利润、利润总额、劳动分配率、销售增长率。

（2）远期发展构想

本年度至未来五年的经营计划、利润计划、人员计划、设备计划。

（3）本年度经营目标

①销售收入（市场活动的衡量标准）：如果企业经营者的想法和客户的想法匹配，该数值会增加。

②毛利润（利润衡量标准）： 毛利润高的公司比销售收入高的公司更有实力。

③人工费（较固定的数字）：低于毛利润的50%为宜，包括工资、福利费、教育培训费等。

④费用（防御性费用）：为了确保当前利润而发生的费用。

⑤促销费用（进攻性费用）：为了增加新客户而发生的费用，减少这部分费用会导致企业在竞争中落败。

⑥折旧费（设备）：设备越来越陈旧时，应加速折旧并引入最新设备。

⑦营业利润（主营业务利润）：销售能力直接影响到销售

收入和利润。

⑧利润总额（企业经营者的目标）：企业经营者最重视的数字。根据经营者的不同决策，它可能为正数，也可能为负数。制订利润计划时，这一数字非常关键。

很多事情采用倒推处理的方法往往会取得更好的成效。我们上班的时间是固定的，所以要倒推计算应该几点乘车，几点离开家门，几点起床，以及前一晚几点睡觉。经营管理也需要倒推思维。首先确定一个数字（利润目标），通过倒推制定实现目标的手段。这是经营者经营企业应该具备的基本能力。

先确定利润总额，后确定销售收入

应该酌情确定利润总额的数字目标

很多经营者在制定利润目标时，往往先确定销售收入。他们先制定下一年度的销售收入，最后制定利润总额。这样做很难获得利润。举个例子，我们计划本年度销售收入同比增长5%或10%，在此基础上计算采购额、毛利润、工资和费用，计算下来会发现很难赢利。因此武藏野会把利润总额放到首位。

利润总额指的是营业利润（主营业务利润）加上非主营业务盈亏情况（加上营业外收入和营业外费用）。武藏野先确定利润总额，然后按照损益表上的项目从下向上推算，这样就可以自动生成详细的利润计划（利润总额→营业外费用→营业外利润→营业利润→折旧成本→促销成本→费用→人工成本→毛利润→采购额→销售收入）。

首先确定利润总额，然后倒推计算，并制作利润计划书，见表4-1。

表4-1 利润计划书

（万日元）

项目	目标	计算公式
⑪销售收入	300	⑨毛利润÷毛利率（%）×100
⑩采购额	150	⑪销售收入-⑨毛利润
⑨毛利润	150	⑧人工成本÷劳动分配率（%）×100
⑧人工成本	100	平均薪酬×人数
⑦费用 ⑥促销成本	40	⑨-⑧-⑤-④
⑤折旧成本	3	有形固定资产的15%
④营业利润	7	①+②-③
③营业外利润	1	定期存款×利息
②营业外费用	2	借款×利息
①利润总额	6	企业经营者确定数字目标从这里开始计算

因此，首先确定利润总额，在按照上表中的②→③→……⑨→⑩的顺序逆向计算，最后得出⑪的数字，将其作为目标。

我们应该怎样确定利润总额的数字呢？我认为酌情确定就可以了，哪怕不是很准确也没关系。我们应该尽早将数字确定下来，至于它的确定依据和合理性都是次要的。如果是亏损企业，那么利润总额可以设定为零。零是盈亏平衡点，如果企业亏损2000万日元，那么利润总额为零相当于利润增加了2000万日元。

无论比本期利润总额增加10%，还是增加 50%都可以，甚至翻倍也没问题，只要经营者决定要达到这一利润总额，那它就成为企业的目标。我认为目标仅仅是一个方向，只要尽全力努力去实现就好，所以我每次都制定了较高的目标。

上一年度利润总额为1亿日元的企业，完成了“同比增长102%”的利润目标，那么它本年度的利润总额为1.02亿日元。如果设立了“同比增长150%”的目标，完成率为80%，那么企业本年度的利润总额为1.2亿日元（1亿日元×1.5×0.8）。正确的经营之道不是100%完成利润目标，而是赚到钱，所以我总是会提高目标数字。

有时仅调整产品结构，就可以增加毛利润

确定利润计划后，下一步就要考虑通过哪类产品、哪种业务来赚取毛利润。

假设A公司以120日元的售价同时销售产品A和产品B，如图4-1所示。

现状

◎产品A：销售价120日元、采购价40日元、毛利润80日元（毛利率67%）。
☆产品B：销售价120日元、采购价80日元、毛利润40日元（毛利率33%）。
→销售产品A共10个，销售产品B共20个。

◎产品A的销售收入1200日元
=120日元×10个

采购额400日元
40日元×10个

毛利润800日元
80日元×10个

☆产品B的销售收入2400日元
=120日元×20个

采购额1600日元
80日元×20个

毛利润800日元
40日元×20个

- 销售收入合计3600日元。
- 采购额合计2000日元。
- 毛利润合计1600日元。
- 毛利率44.4%。

调整产品销售数量，使产品A和产品B分别销售20个和10个。

◎产品A的销售收入2400日元
=120日元×20个

采购额800日元
40日元×20个

毛利润1600日元
80日元×20个

☆产品B的销售收入1200日元
=120日元×10个

采购额800日元
80日元×10个

毛利润400日元
40日元×10个

- 销售收入合计3600日元。
- 采购额合计1600日元。
- 毛利润合计2000日元。
- 毛利率55.6%。

销售收入相同，但是毛利润增加了400日元！

图4-1 保证销售收入相同的情况下增加毛利润的方法

- 产品A：采购价40日元，毛利润80日元（毛利率67%）。
- 商品B：采购价80日元，毛利润40日元（毛利率33%）。

如果A和B分别销售了10个和20个，那么：

- 商品A的销售收入：120日元×10件=1200日元（采购额400日元，毛利润800日元）。
- 商品B的销售收入：120日元×20件=2400日元（采购额1600日元，毛利润800日元）。
- 总销售收入：3600日元=1200日元+2400日元。
- 总采购额：2000日元=400日元+1600日元。
- 总毛利润：1600日元=总销售收入3600日元−总采购额2000日元。

如果企业重新调整产品结构，将产品A的销售数量增加到20个，将产品B数量减少到10个，会发生什么变化呢?

- 产品A的销售收入：120日元×20件=2400日元（采购额800日元，毛利润1600日元）。
- 产品B的销售收入：120日元×10件=1200日元（采购额

800日元，毛利润400日元）。

总销售收入为3600日元，金额相同，但毛利润从1600日元增加到了2000日元（3600日元−1600日元）。

从图4−1可以看出，调整产品结构或业务结构后，即使销售收入不变，毛利润也会增加。我们先确定目标毛利润，然后重新审视产品结构和业务结构，决定卖什么产品和卖多少这种产品。

武藏野实现销售收入和销售利润持续增长的原因

有意调低利润总额的两个理由

很多人都对武藏野抱有误解，他们认为武藏野的销售收入很高，但是利润总额却很低。然而实际上并非利润总额很低，而是我们故意调低了利润总额。

许多公司在盈利时会留存一部分作为留存收益，在这方面我只给公司留下比上一年多一点的利润，其余的都会用作未来的投资。我对利润的大幅增长没有兴趣，利润适当增长一点就可以了。如果上一年度的利润是50，本年度做到51，下一年度做到52，这样稍稍高一点就好。如果本年度获利80，我会只留下51的利润，而将剩余的29用作未来的投资。

假如上一年度盈利2000万日元，今年运气好，有某种商品非常畅销，本年度盈利可能突破1亿日元，这时很多经营者会将这些收益留存到公司或者用来偿还银行贷款。但是我会从

1亿日元中只拿出2500万日元利润（同比增加500万日元）留给公司，剩下的7500万日元用于未来的投资。

我不过多留存收益的理由有两个。

第一，致力于成立一家不会倒闭的公司。我不满足于眼前的利润增长，企业经营者应该目光长远，着眼于未来，所以我会投资那些可以增加客户数量和提高员工素质的项目，成立一家不会倒闭的公司。

第二，保证企业信用等级不下降。假设把利润总额的目标金额设置为3000 万日元，但产品销售后却获得了1 亿日元的利润总额。这时，如果把利润都留下，会给下一年度带来麻烦。因为届时如果公司没有赚到1亿日元或更多，账面上就体现不出利润增加。如果下一年度的利润为4000万日元，比本年度目标（3000万日元）多了1000万日元，但与本年度实际业绩相比却减少了6000万日元。如果利润下降，银行就会下调企业信用评级。

武藏野之所以能够连续18年保持销售收入和利润的双增长，就是因为我没有考虑过让利润大幅增长。为了不让利润大幅增长，我特意增加了很多支出，对公司进行了长期投资。

要想盈利就要做好长期投资

我把公司利润按照顺序进行投资：①增加客户数量；②员工培训；③完善基础设施；④利润总额。

（1）增加客户数量

提高公司业绩的唯一途径就是增加客户数量，因此我们将资金用于新业务、新客户的开发和促销活动上。与销售收入相比，增加客户数量才能让公司的经营坚如磐石，立于不败之地。

（2）员工培训

在未来，企业在竞争中取胜的关键不是产品销售，而是人才。除非公司身处一个非常特殊的市场，否则会有很多其他公司推出类似的产品或服务。在产品和服务方面与其他公司拉开差距很困难，而人带来的差距才是赢得竞争对手的最佳办法。人的发展决定了企业的发展，因此我不断在员工教育培训方面投资。

（3）完善基础设施

不愿投资数字设备说明你还没掌握赚钱的诀窍。武藏野多年来持续投资数字设备，我们不断购买最新机型。对于个人来说，节俭固然是种美德，值得提倡，但对于公司来说，快速更新设备才是正确的做法。新一代数字产品具有更高的处理速度和节能性能。处理速度越快，生产效率越高，可以给公司带来更多利润，这些利润往往超过了投资数额。

（4）利润总额

普通企业盈利时，往往首先把它们都放到利润总额中，武藏野却刚好相反，利润总额是我们最后考虑的。因为企业经营者的工作不是把钱留在公司，而是把钱花出去，使企业能得到更好的发展。如果公司盈利了，要面向未来做好先期投资。花钱不是因为盈利了，而是为了盈利。这就是武藏野屹立不倒的原因所在。

制订五年内销售收入翻倍的长期计划

维持现状等同于倒退

很多经营者把竞争对手当作敌人，事实上他们并不是真正的敌人，真正的敌人是时代。商业环境时时刻刻都在发生变化。如果你没有做长远规划，不能预测未来的变化并积极采取对策，那么就会被时代抛弃。被时代抛弃的企业终将被客户抛弃，被市场淘汰。

经营企业不能被现在的事物、眼前的事物迷惑，即使现在赢利了，但是十年后也有可能倒闭，那时眼前的这些利润也将变得毫无意义。武藏野从1977年就开始制订了长期的经营计划，我们现在采取的所有措施都是为了应对未来的危机。

武藏野将“五年内销售收入翻一番”的目标写入长期的经营计划中，而且把经营计划、利润计划、人事计划、设备计划、资金计划等都以具体数字的形式加以说明。要达到五年内销售收入翻番的目标，必须做到同比增长15%。不改变工作方法，不改变思维，不调整人事，很难达成目标。不改变当前的业务模式，或者只改变一线业务，企业迟早会遇到发展瓶颈。要保证企业不倒闭，必须做到以下几点。

- 拓展新业务；
- 开发新客户；
- 扩大商圈；
- 将人力资源投入强大的部门（人事变动）；
- 并购（合并或收购公司）；
- 撤销不盈利的部门；
- 推广数字技术以提高员工的工作效率；
- 招聘优秀的应届毕业生；
- 重视员工的教育培训；

企业必须积极改变，做出新东西。如果不改变工作方法和经营思维，不调整人事，那么维持现状（上一年度的业绩）都会变得非常困难。不拿出认真的态度，天真地认为能够维持现状就万事大吉，这样的企业永远不会有任何变化。不变的结局就是倒闭。把五年内销售收入翻一番的目标写入长期经营计划之后，经营者就会产生危机感，因为不采取措施，不改变工作方法，企业就达不到预期增长目标。有了危机感之后，经营者就会开始尝试新的挑战。

经营就是不断适应环境。“沧海横流我自岿然不动”，这句话乍一听非常有道理，但有时并不适用于企业的经营。在经营企业时，即使朝令夕改，只要是为了迎合客户或根据竞争对手而做出调整，那就是正确的。能否快速响应瞬息万变的市场和客户，这才是企业生存的关键。

尽早制订长期经营计划

制订长期经营计划，并不意味着五年内不会改变这些计划。事实上，我每年都会针对它们做出修订。根据客观形势的变化和经营者的战略眼光，每年都应该重新调整长期计划。因此将“五年内销售收入翻一番”写入长期经营计划时，不用顾虑太多，即使计划并不完美也没有关系，先把数字写上去再说。

如果一开始就要算出准确数字，那将耗费大量时间。客观形势的发展（五年之后的经济状况和市场行情等）本来就难以准确把握。及早提出数字目标比数字的准确性更重要。一旦决定确立数字目标，就要马上着手去做。尽早制订计划，边操作、边修改才是正确的做法。先统计目前所有业务及其销售收入，然后以五年内销售收入翻一番为目标制订计划，这样就能知道接下来应该做什么了。

位于千叶县市川市的Keiz集团在全日本范围内经营整骨院，他们提出了“为全世界创造健康幸福人生”的口号。经营者小林博文社长在Keiz会员经营计划研讨会的开幕式上致辞，部分内容如下。

我们公司从开始创业到销售收入达到10亿日元，用了10年时间。后来我在武藏野实践经营培训班学习，为公司制订了长期经营计划，结果5年内我们的销售收入达到了20亿日元。又过了3年，销售收入增长到32亿日元，再过了1年增长到40亿日元，接下来的1年攀升到52亿日元。本年度预计将达到75亿日元。

有很多整骨院经营者认为只要不断增加店铺数就能增加销售收入，事实上这种想法完全错误。如果现有店铺销售收入减少，那么就不能盲目扩张。我们公司在现有店铺的销售收入同比增长30%~40%之后才决定开设新的分店。公司在这方面有严格的控制标准，如果现有店铺的销售收入增长率低于10%，那么就不允许开设新店。

从32亿日元到75亿日元，只用了5年时间，这的确是惊人的发展速度。企业发展得如此迅速，是因为小林经理密切关注数字，利用数字来管理企业。

Keiz集团1987年的销售收入是13.645亿日元，利润总额为3500万日元，而后Keiz集团制订了5年内销售收入达到27亿日元的长期经营计划。通过不懈的努力，1997年实现了销售收入29亿日元。尽管受到新冠肺炎疫情的影响，2020年的销售收入仍然达到了68.4746亿日元，利润总额达到3亿日元。

长期计划是向梦想挑战的计划，它会随着客观形势变化和经营者战略思维变化而变化，是一边调整一边积极向前发展的计划。正因为我们的行动往往达不到目标，所以目标的制定才尤为重要。目标能够告诉经营者，他的想法和客户的要求是否存在偏差。读懂目标与现实的差距，找到适合企业发展的新道路，对经营者来说至关重要。

超过盈亏平衡点是新业务成功的条件

让新业务步入正轨的八大要点

武藏野新成立了数据驱动事业部和亚净透事业部。发展新业务出于多方面考虑，包括完成利润目标，不拘泥于现有的工作方法和思维，以及应对时代变化等。

开展一项新业务并不是难事，任何人都可以做到。但是如果仅凭经营者的直觉来创业肯定会失败，因此武藏野将“新业务指导方针”明确写入经营计划书中。要使新业务步入正轨，能够盈利，需遵守以下8个要点。

（1）由经营者或公司董事牵头

从当前业务部门中抽调业务精英，组成由经营者直接领导的项目组，无须为新项目招聘新人。

（2）花3年以上的时间进行项目评估

新业务收益高于盈亏平衡点是判定新业务成功的重要指

标，企业需连续3年对此进行考核。

- 第一年：销售收入是否低于上半年度？
- 第二年：本年度毛利润和营业利润是否低于前一年？
- 第三年：利润是否低于盈亏平衡点？

盈利的公司和亏损的公司可投入的资金额度也不同。另外，根据对新业务的熟练程度调整考核年数。考核标准不能一概而论，但是无论如何一定要有一个标准。

（3）在确保现有收益的基础上推动新项目

如果新业务的成败会严重影响现有业务时就危险了，不能为了增加新业务的销售收入而舍弃现有的盈利部门。

（4）在主营业务发展顺利的前提下开展新业务

如果主营业务业绩下降，企业没有多余精力开展其他业务，那么即使勉强开始新业务，也不会取得成功。无法让现有业务盈利的经营者也很难让新业务盈利。

如果现有业务已经占用了企业的大部分资源，这样的企业还远远达不到开拓新业务的程度。如果经营者从现有业务中抽身1个月，该项目仍能正常运转，这时才可以尝试开展新业务。企业只有在人手、资金、时间三方面都有余力的前提下，才可以着手开展新业务。

（5）银行是新业务的试金石

如果没有盈利前景，银行就不会放贷。如果企业向多家银行申请贷款，但没有一家银行同意放贷，这说明他们不看好这项业务，也从侧面证明了这项业务没有前景。此时经营者应该坚守现有业务，不去碰触这些新业务。

（6）不要进入公司成立以前就有的市场

有一些市场建立时间非常早，甚至在企业成立之前就存在，它们对参与者往往有很多限制，想要进入这样的市场需要花费大量时间。而新市场规则较少，更容易进入。

（7）不要进入没有市场的领域

业务开展由易到难的顺序如下：

①把现有业务投放到当前市场；

②把新业务投放到当前市场；

③把现有业务投放到新市场；

④把新业务投放到新市场。

把现有业务投放到当前市场是最简单的。不过因为这是现有业务，所以销售收入不会出现大幅增长。因此如果要开拓新事业，需要把新业务投放到当前市场，或者把现有业务投放到新市场。

（8）一旦发现决策错误，要立即撤退

无论多么优秀的经营者也难免出现决策错误的情况，开展的新业务成功率能达到20%就非常不错了。如果竭尽全力，但是仍然没有赢利，那么此时应该马上放弃。很努力去做但却一无所获，即使坚持下去也很难出现转机。经营者要做到拿得起，放得下。

武藏野认真遵循以上8个要点，开拓了新的业务——亚净透业务（总负责人飞山尚毅）和数据驱动业务（统括总负责人市仓裕二），现在这两项业务的销售收入分别达到了2.75亿日元和2.2亿日元，这些都是在新业务开展第一年取得的骄人业绩。

明确结算规则，遵照《日本公司法》经营

按照《日本公司法》进行严格的净额结算

为了使公司的现金流向更加清晰，武藏野将结算规则写进了经营计划书，例如：

（1）不计入非实物资产。严格按照《日本公司法》进行结算。尽量不使用暂付款。如果预付款、垫付款、应收款等暂付款项较多，公司的信用等级就会下降。

（2）暂付款指的是在资金活动过程中发生的应收或暂付的待结算款项。资产负债表中资产一栏的财务项目越少越好。我曾经见过一家被评为1级的未上市公司的资产负债表，那时我是这样想的："不愧是1级企业，财务项目真的很少。"1级企业的资产负债表非常简单清晰，他们没有应收款项、应付款项、临时付款等暂付款项。

（3）不要连续两年出现赤字，不做假账粉饰门面。要对

企业进行大刀阔斧的改革。如果有一项业务销售收入为100，采购支出为50，则毛利润为50，再减去人工成本50，费用10，最后该业务亏损10（人工成本和费用合计为60，比毛利润50多出10）。如果经营者不懂利润结构，就会认为这种产品不赚钱，并决定以后不再销售。他认为只要不生产赤字产品企业就会盈利，但是他没有想到，如果不生产这种产品，那么就连50的毛利润都没有了，亏损情况将变得更严峻（50+10=60赤字）。因为虽然停止了销售活动，但是固定成本（人工成本和费用）并没有变化。因此，除非减少员工数量，消除固定成本，否则业绩不会得到改善。要挽救颓势，需要进行一场大刀阔斧的改革，具体来说，第一个方案是裁员，保证利润在盈亏平衡点上；第二个方案是放弃该业务。不过武藏野遇到这种情况时，如果公司的其他业务非常顺利，公司整体处于盈利状态，那么我们会保留亏损的业务，因为亏损部门的员工会迅速成长起来。就我的经验来说，在亏损部门经历过惨痛教训的员工对于数字更敏感。

（4）集众人智慧，合理节税。不逃税，但要会节税。最好的节税方法是把钱花在增加客户数量和员工教育培训上；把税金当作公司发展的必要支出，公司不能不交税，如果税金为零，那么银行会认定该企业没有赢利，这样一来企业便无法从银行获得贷款，无法贷款的企业将很难发展下去。

（5）要使税务审计更方便。把税务审计当作公司的内部审计；财务数据100%电子化；严查财务作假的情况。税务局不是“敌人”，是无偿告诉你公司实际情况和节税方法的内部审计。

我曾经给A公司做过经营指导，有一次A公司的社长问我财务做假账应该怎么处理。当时涉及的金额巨大，有2亿日元之多。他问我是不是应该起诉财务人员，我说：“可以通过税务审计来确定有多少损失，并保留相关证据。但是起诉不是个好办法。”是“我”创办了公司，使他有了作假的机会；是“我”没有及时发现他的作假行为；是“我”让这样一个作假的人担任财务。即使起诉也只是暴露了自己的无知。

没有一个员工是抱着做坏事的目的进入公司的，他犯了错是因为公司的组织机制出现了问题，给了他可乘之机。没有建立起恰当的预防机制，是经营者（社长）的问题。A社长错在没有管好财务人员，因为没有监管，所以财务人员才会做假账。

武藏野不会给员工提供任何违法的机会。我每天都会查看一份名为“资金可视化会计处理”的用谷歌数据门户工具制成的图表，它会告诉我每天的现金金额。如果余额在增加，那说明没有问题。如果今天的数字比昨天少，我可以根据图表彻查原因，看看是因为收款延迟、销量下滑还是财务人员作假。